행복한 자녀 양육의 열쇠

하브루타

HAVRUTA

행복한 자녀 양육의 열쇠
하브루타

배정욱 지음

블레싱 북스

📖 **추천의 글**

마음의 별들을 반짝여주는 하브루타

오희경 (하브루타 독서리더)

아이들을 바라보면, 한 아이 한 아이가 빛나는 보석이다. 초등 3, 4학년 아이들과 하브루타 소그룹 독서 모임을 시작하면서 한 아이도 포기하고 싶지 않은 이유가 거기에 있다. 아이들은 어떤 이유로든 빛나고 있다. 빛을 담고 있다.

이 책의 저자 배정욱 전도사님의 하브루타 작은 도서관이 인연이 되어 일 년여간 독서 모임에 참여하면서 바쁘기만 했던 일상에 변화가 왔다. 일터든 어디든 손 닿을 만한 곳에 책이 있어야 하고, 책 속에서 가끔 쉰다. 나의 하베르(하브루타 짝)들과 나누었던 이야기들은 액자처럼 마음에 걸리어 자신에게 초대받아 그 갤러리를 방문하곤 한다. 일상의 루틴이 바뀌고, 사람들을 대하는 태도와 삶의 방식에도 여유가 생겼다. 문제를 객관적으로 바라보는 메타인지도 좋아졌다. 무엇보다 어두웠던 마음의 별들이 다시 반짝이기 시작했다는 것이다.

두려움 반 설렘 반으로 아이들과의 독서 모임을 시작하면서 배정욱 전도사님이 편찬한 두 권의 책이 큰 도움이 되었다. 책에서 제시한 방법대로 해 나가면서 미진한 부분은 전도사님에게 다시 피드백 받아 아이들에게 적용했다. 기대에 찬 눈빛으로 질문을 주고받으며, 자기 생각을 말할 때 아이들의 그 들뜬 표정들… 일주일에 한 번 만나는 아이들과의 시간은 더없이 행복하다.

사실 아이들의 손에 게임기 대신 책이 들려지는 시간이 더 많아지기를 소망하는 마음으로 시작했었다. 하지만 횟수가 더해 갈수록 배정욱 전도사님이 책에 소개한 소망대로 아이들이 마음의 별을 찾아가는 것이 지향점이 되어갔다.

끊임없이 질문하던 유아기의 아이들이 아동기를 거치는 동안 질문을 잃어버리는 일이 누구에게 책임이 있을지 생각해 본다. 청소년기는 더 위태로워 보이기까지 한다. 부모든 교사든 빛을 담고 있는 한 생명이 적재적소에서 빛을 발할 수 있기까지 적어도 우리에게는 책임이 있다. 아이들이 마음껏 질문하고 대화하며 소통하는 아이로 성장하는 데 도움이 되고자 하는 그 모든 하베르들에게 이 책은 좋은 지침서가 되어줄 것이다.

하브루타를 하며 미래를 준비하는 사람이 되었어요.

정고은 (중3)

저는 이 책에서 자주 언급되는 정고은, 배정욱 작가의 딸입니다. 저는 초등학교 6학년 때부터 경제, 예술, 문학 등등 모든 장르를 가리지 않고 다양한 책을 가지고 엄마와 하르부타를 했습니다.

하브루타를 하면서 지적 능력이 향상하여 경제관념을 일찍 가지게 되었습니다. 달마다 매달 받는 용돈을 마음대로 쓰지 않고, 제가 실행한 일, 달성한 일 만큼의 대가를 용돈으로 받아 가계부를 작성하고, 열심히 용돈을 저축했습니다. 또한, 중고판매 사이트 당근에서 사용하지 않는 물건들을 판매하고, 직접 판매할 상품을 정해 키링, 반지, 팔찌 등등 다양한 물품들을 만들어 판매하면서 한 달에 용돈을 약 2만 원 정도 받음에도 불구하고 현재 약 40만 원 정도 모았습니다.(물론 주식과 저축한 것 빼고). 현재는 중고사이트에서 판매하고 있지만, 앞으로는 제가 만든 액세서리들을 파는 쇼핑몰을 열 예정입니다.

시험 기간에는 교과서로 시험 칠 내용을 엄마와 하브루타를 하면서 공부한 기간이 짧음에도 불구하고 90점대 중후반의 성적을 가질 수 있게 되었습니다.

또, 가족 또는 친구들과 다양한 하브루타를 한 경험을 통해 그 본문이 말하고자 하는 메시지를 다른 사람은 어떻게 생각하는지, 평소에 어떤 생각을 하고, 어떤 것에 관심이 있는지 더욱 더 잘 알게 되어 더욱 원만한 관계를 유지할 수 있었습니다.

하브루타를 하지 않았다면, 저는 그저 평범한 학생으로 저축하지 않고, 현재만을 생각하며 마음껏 놀았을 겁니다. 하브루타를 한 덕분에 현재의 즐거움보다는 미래를 더 생각하며, 현재를 충실하게 살고자 하는 사람이 되었습니다.

하브루타를 하면 책을 읽기만 하는 것이 아니라, 읽고 그 책에 관한 내용을 나눌 수 있습니다. 책 외에도 하브루타를 할 방법은 다양합니다. 가족과 하브루타를 함으로 가족과 더욱 가까워지고, 지적 능력을 기르고, 공감 능력을 키워나가는 사람이 될 수 있습니다.

마지막으로 "나는 책을 많이 안 읽는데, 하브루타가 필요할까?"라는 생각을 하시는 분들에게도 이 책을 꼭 추천합니다.

 **프롤로그**

엄마도 엄마는 처음이어서

"난 나중에 학교를 만들고 싶어.
애들을 자유롭게 키우고 싶어. 난 그러지 못해서 힘들었어."
 어느 추석 때 친척 집에 가는 길에 23살 큰아들이 말했다.
가슴이 철렁했다.
 '내가 여러 차례 미안하다고 했지만, 아이에게는 여전히 어릴 적 받았던 스트레스들이 상처로 남아 있구나.'

 20대일 때 첫 아이를 출산했다. 유아기에 공부 스트레스 없이 신나게 놀았던 아이는 초등학교에 가서 공부를 따라가지 못해 스트레스를 받았다. 담임 선생님과 친구들도 아이를 무시하고 인정해 주지 않아 혼자 노는 날이 많았다. 아이가 학교에서 받을 스트레스를 생각하니 마음이 아팠다. 아이를 도와주기 위해 도서관에 가서 함께 책을 읽고, 독서지도, 영어지도를 공부하고 자격증까지 땄다. 하지만 아이는 엄마와 공부하기를 싫어했다. 아이를 달래고 협박하면서 공부시키려 했다. 아이는 더욱 엇나갔다. 아이가 초등학교 3학년이 되었을 때, 입으로 '킁킁' 거리는 소리를 내고, 눈썹을 까딱까딱하며 틱을 했다.

아이가 틱을 하자 그제야 아이의 마음이 보였다. '공부 못하는 아이를 둔 엄마인 내 마음'이 아니라, '어디에도 마음 둘 곳이 없는 아이의 마음'이 보였다. 무시당하고 어울리지 못하는 아이의 외로움이 보였다. 집에 와도 엄마가 마음을 알아주기보다 공부해야 한다고 스트레스를 주니 아이의 마음은 쉴 곳이 없었다. 그나마 아이가 도피할 수 있었던 곳은 '책'이었다. 아이의 어린 시절 엄마로서 한 가지 잘한 것은 도서관에 데리고 다닌 것이다. 학교에도 집에도 마음 둘 곳 없던 아이는 자기가 읽고 싶은 책 속 세상으로 들어갔다.

아이에게 "엄마가 마음도 알아주지 못하고, 공부만 강요해서 미안하다"라고 용서를 빌었다. 아이는 너무 착했다. 엄마가 울면서 "미안해, 엄마도 엄마가 처음이어서 잘 몰랐어"라고 말하자, 용서해 준다고 했다. 그 뒤로 더이상 아이에게 '공부해라'라는 말을 하지 않았다. 아이는 스스로 농업 관련 책을 찾아 읽기 시작했고, 5학년이 되어서는 농부가 되고 싶다고, 땅을 사 달라고 했다. 남편이 아파트 앞에 두 평 텃밭을 구해주자, 아이는 옥수수, 상추, 깻잎, 고추 등을 심으며 열심히 농사를 지었다. 한 번은 태풍이 온다고 하니 비를 맞아가며 옥수수들이 쓰러지지 않도록 묶었다.

아이를 내 열심으로 키우려 하지 않고, 하나님께 맡겼을 때부터 아이는 건강하고 행복하게 잘 크기 시작했다. 아이가 초등학교 5학년 때, 함께 MBTI 검사를 했다. 검사 결과 아이와 나는 완전히 다른 성향이었다. 나는 혼자 조용히 집에 있는 것을 좋아했고, 아이는 밖으로 자전거 타고 돌아다니며 동네 어른들과 만나서 이야기 나누는 것을 좋아했다. 나는 책이나 강의를 통해 공부하는 것을 좋아했고, 아이는 팔과 다리를 움직이며 눈으로 보고 몸으로 느끼며 공부하기를 좋아했다.

아이는 공부를 못하는 것이 아니었고, 학교 선생님이나 내가 강요했던 공부의 방식이 아이에게 맞지 않았던 것뿐이었다. 생각해 보니, 아이는 학교 공부 외에는 많은 방면에서 뛰어났다. 초등학교 5학년 때부터 자기가 먹고 싶은 것을 요리 해서 먹고, 쿠키나 빵을 먹고 싶으면 배우지 않아도 스스로 만들어 온 가족이 같이 맛있게 먹기도 했다. 자주 "피곤하다"라는 나와 달리 아이의 온몸은 근육질로 건강하게 단련되어 있었다. 왜 진작 아이를 제대로 보지 못했을까?

MBTI 검사는 내 인생에 큰 전환점이 되었다. MBTI 검사를 통해 사람마다 다른 기질과 재능이 있고, 그 기질과 재능은 우열의 관계에 있는 것이 아니라, 서로 다른 것뿐이라는 것을 알게 되었다. MBTI 검사 후 나는 큰아이뿐 아니라, 다른 모든 사람을 보는 관점이 달라졌다. 우리는 모두 서로 다른 재능들을 하나님으로부터 받았고, **하나님이 각 사람에게 주신 '자신의 길'은 사람마다 다르다는 것을 깨달았다.**

큰아이는 식물을 키우는 것을 좋아했고, 자신의 꿈을 좇아 농업 대학으로 진학했다. 학교에서 매일 농사지으며 연구하며 재미있게 자기의 공부를 하고 있다. 손재주가 좋아서 두 시간의 목공수업을 받고, 두 달 동안 20평 작은 도서관의 책꽂이들과 책상들을 멋지게 만들기도 했다.

행복한 자녀 양육의 열쇠, 하브루타

큰아이는 하나님이 내게 주신 '큰 복'이다. 그 아이가 태어나는 순간부터 초등학교 3학년이 될 때까지 10년 동안 키우며 '내가 고생했다'라고 생각했었다. 하지만, 돌아보니 내가 아닌 아이가 '책으로 하는 공부' 밖에 모르는 엄마 때문에 너무 고생했다. 지금도 큰아이를 볼 때마다 어린 시절 스트레스를 주었던 것이 미안하고, 그럼에도 불구하고 잘 자라주어서 고맙다는 생각이 든다. 큰아이 덕분에 아이들을 판단하는 나의 틀을 깰 수 있었다. 큰아이는 내게 복이 될 뿐 아니라, 두 동생에게도 복이 되었다. 나는 더이상 아이들에게 공부를 강요하지 않았고, 아이들이 자유롭게 자기들이 하고 싶은 것을 할 수 있도록, 자신의 길을 찾도록 돕게 되었다.

아이들이 자유롭게 자신들의 꿈을 찾도록 돕기 위해 나는 세 가지를 하고 있다.

첫째, 아이들을 하나님께 맡기며 기도한다.
하나님이 각 사람에게 서로 다른 재능과 길을 주신 것을 알았으니, 아이들이 그것을 잘 찾도록 기도한다. 하나님이 아이들 마음속에 심어주신 아이들 자신의 길을 아이들이 잘 찾아가도록. 왜냐면 그 길이 아이들이 가장 행복할 수 있는 길이기 때문이다.

둘째, 공부하는 엄마가 되었다.
지금도 나도 모르게 '아이들이 공부를 열심히 했으면' 하는 마음이 들 때가 있다. 영어를 열심히 공부해서 영어 때문에 꿈을 포기해야 하는 일이 없으면 좋겠고, 수학을 열심히 공부해서 수학 때문에 가고 싶은 대학을 포기해야 하는 일이 없으면 좋겠다. 내가 그랬기 때문이다. 하지만, 큰아이와의 경험으로 아이들에게 공부를 강요해서는 안 된다는 것을 깨달았다.

스스로 느끼지 않고 엄마가 강요한다면 더 하기 싫은 것이 공부이기 때문이다.

아이들에게 공부를 강요하지 않기 위해 내가 다시 공부하기 시작했다. 영어, 중국어, 프랑스어, 스페인어 등 외국어를 공부함으로 다양한 세상이 있음을 배우고 있다. 헬라어와 히브리어를 공부해서 성경 원전의 깊은 의미를 알아가고 있다. 하브루타를 공부하여 아이를 지도하고 있다. 서로 다른 공부이지만 아이들과 같이 공부하니 공부하는 것이 얼마나 힘든지 공감하게 되었다. 아이들에게 잔소리하기보다는 고민과 기쁨을 나누게 되었다. 아이들도 엄마가 공부하라고 강요하는 것보다 엄마가 즐겁게 공부하는 모습이 도리어 도전이 된다고 말한다. 그러다가 아이 스스로 공부해야겠다는 생각이 들 때, 그때 공부를 하면 더 즐겁게 오래 할 수 있다고 생각한다.

셋째, 하브루타로 자녀를 양육한다.

하브루타(חַבְרוּתָא, '우정, 동료관계')는 짝과 질문, 토론, 논쟁하며 본문을 학습하는 유대인 정통 학습법이다. 유대인들은 토라(모세오경)와 탈무드를 본문으로 하나님의 뜻을 어떻게 실천할지에 대하여 하브루타를 한다. 한국 교육에 하브루타가 적용되면서 그 소재가 다양해졌다. 그림이나 그림책을 보면서도 할 수 있고, 인문 고전이나 소설책으로도 할 수 있고, 자기계발 책이나 자서전으로도 할 수 있고, 교과서나 영화나 뉴스나 일상에 일어났던 여러 가지 일로도 하브루타를 할 수 있다.

하브루타 교육이 기존의 한국 교육과 다른 점은 교사가 일방적으로 생각을 강요하며 주입식으로 가르치는 것이 아니라, **"네 생각은 어때?", "왜 그렇게 생각해?", "여기에서 네 질문은 뭐니?"** 질문과 답을 통해 스스로 답을 발견하고 찾게 한다는 점이다. 교사 중심의 수업이 아니라, 짝과 일대일로 토론함으로 스스로 공부하는 자기주도학습 방식이다. 친구도 엄마도 아빠도 동생도 하베르(하브루타 짝)가 될 수 있고 서로가 서로에게 선생이 된다. 아이들은 하브루타를 통해 스스로에 관하여 질문함으로 자기 자신을 발견하고, 텍스트에 관하여 질문함으로 진리를 찾아가고, 이 과정에서 하베르들의 말을 경청하며, 좋은 관계를 맺어가며 자기 주도적으로 인생을 살아가게 된다. 하브루타로 자란 아이들의 생각은 엄마나 교사의 사고의 틀에 갇히지 않고 우주까지 더 넓게 뻗어간다.

엄마 스스로가 공부하고, 아이들과 하브루타를 하며, 하나님의 도우심을 구할 때, 우리 집은 달라지기 시작했다. '공부하라' 잔소리 안 해도 스스로 공부하고, 각자가 하나님이 자기 마음속에 주신 길을 찾고 열심히 준비하고 있다. 사춘기도 갱년기도 무사히 넘기며 즐겁게 대화를 나누게 되었다. 자녀 양육은 스트레스가 아니라 가장 큰 기쁨이 되었다.

그래서 2022년에 [마음의 별을 찾는 여행, 하브루타]를 썼다. 책을 통해 자녀를 어떻게 키울지 고민하는 엄마들에게 하브루타로 자녀를 양육하는 법을 들려주고 싶었기 때문이다. 이제 그 책이 절판되어, 개정판을 쓰게 되었다.

[행복한 자녀양육의 열쇠, 하브루타]는 [마음의 별을 찾는 여행, 하브루타]를 더욱 수정 보완한 것으로, 지난 10년 동안 배웠던 하브루타를 정리했다. 이 책을 읽는 독자는 이 책 한 권으로 내가 10년 동안 실수하고 삶에서 배웠던 하브루타 자녀 양육의 엑기스를 얻어 갈 수 있다.

아직 나도 여전히 자녀 양육에 대해 고민 중이고, 공사 중이고(고쳐가야 하고), 완벽히 좋은 엄마도 아니다. 또한, 이 책에 기록된 내용은 내 가정의 이야기이기 때문에 다양한 가정과 아이들에게 똑같이 적용될 수도 없을 것이다. 다만, 이 책을 통해 자녀 양육으로 고민하는 엄마들이 내가 했던 실수를 반복하지 않고, 기쁨을 누리며, 자녀들을 행복한 아이로 키우는 데 작은 도움이 될 수 있기를 바란다.

차례

추천의 글
프롤로그
엄마도 엄마는 처음이어서 | 8
행복한 자녀 양육의 열쇠, 하브루타 | 11

1부 왜 하브루타인가

1장. 하브루타는 인생의 길을 찾게 한다 | 20
2장. 하브루타는 공부를 재미 있게 한다 | 27
3장. 하브루타는 세상에 필요한 인재를 만든다 | 33
4장. 하브루타는 자녀의 관계가 좋아지게 한다 | 39

2부 하브루타란 무엇인가

1장. 하브루타란 무엇일까? | 48
　하브루타 기본원리 / 하브루타 학습의 삼각모형
2장. 하브루타에 담긴 정신은 무엇일까? | 57
　바르 미쯔바 / 티쿤 올람 / 쩨다카 정신 / 후츠파 정신 / 로쉬 가돌 정신 / 리쉬마 정신
3장. 유대인들은 하브루타를 어떻게 하나? | 73
　태담 / 밥상머리 교육 / 베드타임 스토리

4장. 질문은 왜 그리고 어떻게 만들까? 왜 질문을 해야 할까? | 81
  왜 질문을 해야 할까? / 왜 질문하지 않을까?
  어떻게 아이에게 질문하는 능력을 키워줄까?
  어떻게 좋은 질문을 할까?
  질문할 때 조심해야 할 점은 무엇일까?
5장. 마음이 통하는 대화의 기술이 무엇일까? | 113
  경청 / 서로의 마음을 통하는 대화(REACH)

3부 하브루타를 어떻게 하나?

1장. 일상 하브루타 | 126
2장. 하브루타 수업 매뉴얼 | 137
3장. 독서 하브루타 – 탈무드 | 151
4장. 독서 하브루타 – 그림책 | 161
5장. 독서 하브루타 – 문학(소설) | 181
6장. 독서 하브루타 – 비문학 | 203
7장. 독서 하브루타 – 성경 | 217
8장. 영화 하브루타 | 229
9장. 추석 가족 하브루타 | 239

에필로그
부모도 자녀도 성장하게 하는 하브루타 | 246
자주 묻는 질문들 | 254
참고한 책들 | 261

1부

왜 하브루타인가

하브루타는 인생의 길을 찾게 한다

하브루타는 짝과 질문, 토론, 논쟁하며 본문을 학습하는 유대인 정통 학습법이라고 했다. 여기에 '짝'은 다른 친구도 될 수 있지만, 질문하는 나 자신도 친구가 될 수도 있다. **나에게 질문을 던지고, 스스로 생각하는 자기 성찰은 내가 가야 할 인생의 길을 찾게 한다.**

한국인은 교육을 중요하게 생각한다. 대다수 학생은 초등학교 때부터 좋은 대학에 가기 위해 공부한다. 부모들은 자녀들의 학원비, 과외비를 마련하기 위해 조금이라도 돈을 더 벌려고 한다.

사람들이 높이 평가하는 좋은 대학에 간다고 정말 행복할까? 물론 행복할 수도 있다. 그 대학에서 공부하는 것이 흥미와 맞거나, 인생에 관해 함께 이야기하며 미래를 설계해 갈 친구들을 만나거나, 혹은 자신의 분명한 비전이 있고, 그것만 생각해도 가슴이 뛰는 목표를 가진 사람은 대학 생활이 즐거울 것이다. 그렇지 않다면 좋은 대학에 가도 결코 행복할 수 없다.

 열심히 공부해서 어려운 취업의 관문을 뚫고 대기업에 간다고 정말 행복할까? 꼬박꼬박 들어오는 월급으로 생활은 안정될 수 있지만, 업무와 관계에서 오는 스트레스도 만만치 않다. 그 일이 정말 하고 싶은 일이 아니라면, 과도한 스트레스들을 이기며 행복하기는 쉽지 않다.

 공부를 열심히 하는 것도 좋지만, 자신이 정말 좋아하는 것이 무엇인지, 추구하는 인생의 목표가 무엇인지 아는 것이 더 중요하다. 그러기 위해서는 오지 선다형 문제에 정답을 찍기 위해 교실에서 문제지만 풀 것이 아니라, **다양한 분야의 독서를 하고, 깊이 있는 토론을 하며, 생각하고 도전하고, 그 결과를 스스로 평가하며 다시 도전하는 능력을 갖추어야 한다.**

 tvN 예능프로인 <유퀴즈>에서 음주 독서 카페 '책바'를 운영하시는 '정인성 대표'를 본 적이 있다. 그는 대기업에 다녔을 때, 퇴근 후 혼자 조용히 술을 마시며 책을 읽는 것을 즐겼다. 약간의 음주가 오히려 집중력을 향상하고, 숨겨진 창의성과 감수성이 더 두드러지게 한다고 느꼈다. 어느 날 출근길에 '팟캐

스터'에서 스티브 잡스의 연설을 듣던 중 **"다른 사람의 인생을 사는 데 네 인생을 허비하지 말아라."** 라는 말을 듣고 불현듯 **"나는 회사에서 일하는 동안 내 인생을 살고 있는가?"** 라는 생각이 들었다고 한다. 생각해 보니, 자신이 다른 사람의 인생을 살고 있다는 느낌이 들어 그는 퇴사했다.

그리고 그는 자신이 좋아하는 일을 시작했다. 글과 공간으로 사람들에게 좋은 시간을 보내게 해 주고 싶어 '책바'를 만들었다. 자신이 좋아하는 일, '대화가 목적이 아닌 독서와 사유, 그리고 창작을 권장하는 공간'을 사람들에게 제공해 주는 일을 함으로 이 세상 누구도 생각해 보지 못한 자신의 직업을 만들었다. 정인성 대표는 더이상 새벽에 일어나 출근하지 않아도 되고, 쪽잠을 자며 야근하지 않아도 되고, 하고 싶은 일을 하며 돈을 버니 행복하다고 말했다. 아침에 일찍 일어나 출근하고, 열정적으로 야근하며 일하는 것이 나쁘다는 것이 아니다. 단지 그것은 정말 그가 살고 싶은 인생이 아니었다.

세상 사람들이 말하는 대로가 아닌 내 인생을 살기 위해선 내 마음의 별을 찾아야 한다.

몇 년 전 박웅현 작가의 <여덟 단어>를 읽을 때, 뇌리에 박힌 말이 있다.
'자존慈尊, 스스로 자(自)에 중한 존(尊), 나를 소중히 여기는 것'

자존이 있는 사람은 군밤을 구워도 행복하고, 자존이 없는 사람은 조 단위의 돈을 벌어도 불행하다. 그러나 세상의 편견과 비교는 이런 자존의 걸림돌이다. 모든 사람의 얼굴과 지문이 다르듯이 좋아하는 것과 잘하는 것, 삶의 가치관이 다르니 몇 가지 잣대(재력이나 학력, 권력)만으로 인생의 우열을 가릴 수 없다. 아니, 인생의 우열을 가리려 해서도 안 된다. 각 사람의 생각도 배경도 지향점도 가치관도 다르기 때문이다.

정신과 전문의 정혜신 박사는 **"모든 사람은 완벽하게 불완전하다"**라고 했다. 그러니 자신의 불완전한 것, 부족한 점에 낙심하지 말고 좋아하는 것, 잘하는 점을 개발해야 한다.

사학자 '강판권' 교수가 그 한 예이다. 그는 추운 겨울 오전에는 수업하고 오후에는 땔감을 위해 나무를 해야했던 경남 시골 창녕에서 어린 시절을 보냈다. 대학 원서를 내러 갔다가 줄이 제일 짧아 '계명대 사학과'로 들어간 그는 학교 공부에 재미를 느끼지 못했다. 대학 졸업 후 취업할 수 없어 들어가게 된 '계명대 대학원'에서 '어떤 논문을 써야 하나?' 고민하던 중 자신이 '나무를 하던 촌놈'이라는 사실이 떠올랐다.

그는 자기 자신을 들여다보기 시작했다. "내가 좋아하고 잘 하는 것이 무엇이지?" 질문한 그는 '나무'의 역사를 연구함으로 <나무 열전>과 <공자가 사랑한 나무, 장자가 사랑한 나무> 등을 집필하며 '나무 박사'가 되었다.

다른 사람과 비교하지 말고, "내가 좋아하고 잘 하는 것이 무엇이지?" 자신에게 질문을 던짐으로 내게만 주어진 나의 길을 가자! 그리고 우리 자녀들도 그렇게 하도록 도와주자!

큰아이 덕분에 '내가 낳은 아이라도 내 소유 아니다', '사람은 각자에게 각기 다른 재능이 있다'라는 것을 깨달았다. 그렇다면 어떻게 자녀를 양육해야 할까? 어디까지 아이의 인생에 개입해야 할까? '너무 개입하면 아이에게 스트레스를 주고, 그렇다고 아이를 방치하는 것도 사랑이 아니다.' 이런 고민을 하면서도 구체적인 방법은 잘 모르던 차에 '하브루타'를 알게 되었다.

하브루타는 질문을 통해 내 마음의 별이 무엇인지, 자녀들의 마음의 별들이 무엇인지 가르쳐 주었고, 그 별을 좇아가도록 인도해 주는 가장 좋은 방법이다. 이제 아이들은 좋은 대학에 들어가거나 좋은 직장에 취직하기 위해서가 아닌, 내가 좋아하고 잘하는 것이 무엇인지 발견하고 자신만의 길을 가고 있다.

하브루타 실습 1>

내가 좋아하는 것들로 나만의 별을 만들어 봐요.

인생에서 발견한 나를 행복하게 하는 것들과 내가 중요하게 생각하는 가치들로 마음의 별을 만들어 봐요.

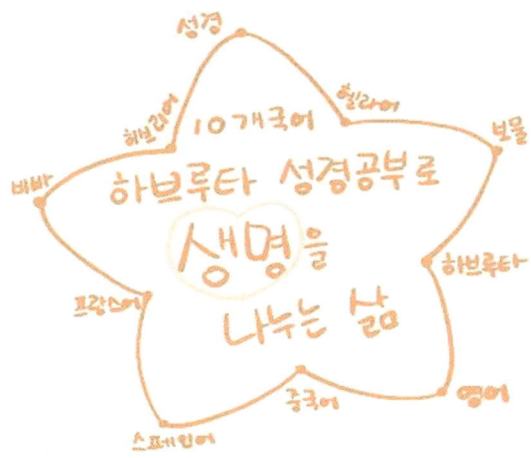

저를 행복하게 하는 것들은 성경, 히브리어, 헬라어, 하브루타, 스페인어, 프랑스어, 중국어 공부예요. 그리고 제가 중요하게 생각하는 가치인 '생명', 생명을 귀하게 사용할 수 있도록 훈련하는 '비바앤포포'(청소년 셀프리더십)과 '보물찾기'(어린이 셀프리더십)⋯ <u>이러한 점들을 연결하여 '10개 국어 하브루타 성경 공부로 생명을 나누는 삶'이라는 나의 별을 만들었어요.</u>

⭐ 스스로에게 질문하고 답하며 마음의 별을 찾아봐요.

⭐ 내가 좋아하는 것은 무엇인가요?	
⭐ 내가 잘하는 것은 무엇인가요?	
⭐ 나의 마음의 별을 그려봐요.	

하브루타는 공부를 재미있게 한다

　공부는 원래 재미있었다. 아기들이 태어나 눈을 뜨면서부터 자기가 보는 것이 무엇인지 알고 싶어 눈을 맞춘다. 기기 시작하면서는 온 집안을 탐색하고 알아가기 바쁘다. 세상은 그야말로 호기심 천국이다. 신기한 것도 많고 알고 싶은 것도 많다. 아이들은 모두 질문 천재이다. 말을 시작하면 질문을 쏟아낸다. 그러나 어른들에게 무시당하고, 혼나면서 기가 죽기 시작한다. 초등학교 때부터 대학교를 생각하며 시험을 위한 공부를 하고, 성적과 대학으로 자신의 인생을 평가받고, 자기 적성을 찾기 전에 좋은 대학에 들어가기 위해 문제지를 푼다. 호기심을 가지고 세상을 알아가고 배워가는 기쁨을 알기 전 학교성적으로 스트레스받고, 기죽는다. 공부는 재미없는 것이 되고 만다.

하브루타는 공부가 다시 재미있게 한다.

친구와 질문을 만들고 답하며 생각하는 힘을 키우게 된다. 비난과 무시 없이 자신의 질문을 경청하는 어른들과 친구들에게 자신의 마음과 생각을 마음껏 이야기하며 떨어져 있던 자존감이 회복되고, 억눌려 있던 호기심이 살아난다.

<u>하브루타는 공부를 재미있게 할 뿐 아니라 잘하게 한다.</u>
하브루타가 삶의 습관인 유대인들은 전 세계 0.25%의 소수민족이지만, 노벨상 수상자의 30%, 미국 아이비리그의 30%를 차지한다. 그뿐만 아니라 전 세계 정치, 경제, 금융, 문화의 모든 부분에서 세계적 영향력을 나타내고 있다. 그들의 IQ가 특별히 높은 것일까? 그렇지 않다. 멘사(Mensa)의 2022년 월드와이드 아이큐 검사(World wide IQ) 따르면 유대인의 아이큐는 평균 100으로 19위, 한국인의 아이큐는 평균 106으로 4위이다.

<u>그렇다면, 유대인의 우수함의 비결은 무엇일까?</u>
<u>하브루타의 말하는 공부이다. 질문하며 토론하며 입으로 공부하는 하브루타는 뇌를 발달시켜 공부를 잘하게 한다.</u>

신경외과 의사였던 펜필드(Wilder Penfield)는 살아있는 사람의 뇌를 연구하여 인간의 대뇌와 신체 각 부분 간의 연관성을 밝혀 '호문쿨루스'를 그렸다.

'호문쿨루스'는 라틴어로 '작은 사람'을 뜻하며, 중세 시대에는 '요정'을 뜻하였다.

펜필드의 연구결과, 뇌에서 각 신체 부위를 차지하는 비율은 손이 30%로 가장 많았고, 다음이 입으로 18%를 차지했고, 다음이 발로 12%를 차지했다. '호문쿨루스'를 통해 손과 입과 발을 많이 사용하면, 뇌가 자극되고 발달한다는 것을 알 수 있다. 손과 입을 사용하여 자신의 의견을 말하는 하브루타는 우리의 뇌를 발달시켜 공부를 잘 하게 한다.

말하는 공부가 어떻게 뇌를 발달시킬까?
말하는 공부는 메타인지를 활성화시킨다.

메타인지란 자신의 사고 능력을 객관적으로 바라보는 능력이다. 설명하거나 가르치면서 내가 무엇을 알고 있는지 무엇을 모르고 있는지 깨닫게 된다. 설명하다가 막히는 부분은 다시 공부할 수 있고, 틀린 부분은 하베르(하브루타 짝)가 교정하도록 도와줄 수 있다. 말을 하면서 생각이 정리되고 더 정교해진다. "너 자신을 알라!"고 말했던 소크라테스는 오래전부터 벌써 메타인지를 알았다.

하브루타는 또한 공부한 것들을 더 잘 기억하게 한다.

평균 기억율
(Average Retention Rates)

수동적 학습방법
(Passive Teaching Method)
- 5% 수업듣기(Lecture)
- 10% 읽기(Reading)
- 20% 듣고 보기(Audio-Visual)
- 30% 시연하기(Demonstration)

참여적 학습방법
(Participatory Teaching Method)
- 50% 집단토의(Group Discussion)
- 75% 연습(Practice)
- 90% 가르치기(Teaching Others)

Adapted from National Training Laboratories, Bethel, Maine

　미국의 MIT 대학의 사회심리학자 레윈이 발표한 학습 피라미드는 외부 정보가 우리의 두뇌에 기억되는 비율을 학습 활동별로 정리해 둔 것이다. 이 피라미드에 따르면 우리가 수업을 듣기만 해서는 5%, 읽으면 10%, 듣고 보면 20%, 시연하면 30%를 기억할 수 있다. 그런데, 집단토의를 통해서는 50%, 연습을 통해서 75%, 가르치기를 통해 90%를 기억할 수 있다. 강의를 듣기만 해서 1시간 친구를 가르치며 공부한 사람과 동일한 기억을 가지려면 18시간을 들어야 한다. 보통 한국인과 유대인의 차이이다.

우리는 강의 듣고 외우는 수업이 대부분이지만, 유대인들은 어렸을 때부터 집과 회당과 학교에서 질문하고 대답하고 토론하고 가르치며 공부한다. 이렇게 질문하고 토론하는 하브루타가 바로 유대인이 우수해진 비결이다. 하브루타만큼 아이들의 뇌를 개발시켜주는 교육 방법이 없기 때문이다.

하브루타 실습 2>

하브루타의 정의와 하브루타가 최고의 공부법인 이유를 적고, 짝과 하브루타 해요.

(짝과 번갈아 질문하고 답하거나, 출력하여 반으로 접어 혼자 할 수도 있어요.)

하브루타 질문	하브루타 해답의 예
Q) 하브루타란 무엇인가요?	하브루타(חַבְרוּתָא '우정, 동료관계')는 짝과 질문, 토론, 논쟁하며 본문을 학습하는 유대인 정통 학습법입니다.
Q) 호문쿨로스는 우리에게 무엇을 말해주나요?	
Q) 어떻게 아이의 뇌를 발달시킬까요?	
Q) 어떤 공부가 효율적인가요?	
Q) 내가 아이와 함께할 수 있는 공부법은 뭘까요?	

하브루타는 세상에 필요한 인재를 만든다

　우리는 2024년 현재 4차 산업혁명 시대에 살고 있다. 1차 산업혁명은 18세기 증기기관 기반의 기계화 혁명을 말한다. 2차 산업혁명 19세기에서 20세기 초의 전기 에너지를 기반으로 한 대량 생산 혁명을 말한다. 3차 산업혁명 20세기 후반 컴퓨터와 인터넷 기반의 지식정보 혁명을 말한다. 지금 우리가 사는 4차 산업혁명 시대는 21세기 초반부터 시작된 2차 정보혁명, 즉 빅데이터, 인공지능(AI), 사물인터넷(IoT) 등의 정보기술 기반의 최첨단 기술의 초연결, 기술의 융합을 말한다. 구글의 인공지능과 이세돌의 바둑대국에서 본 것처럼, 이제 컴퓨터는 우리가 입력한 명령대로 실행할 뿐 아니라, 빅데이터를 기반으로 스스로 학습하고(인공지능), 학습한 내용을 실행한다.

　시대의 흐름에 따라 원하는 인재상이 달라져 왔다. 인류가 사냥하거나 농사를 지으며 살았던 시대에는 육체적으로 강하고 농사 기술이 있는 인재들이 필요했다. 산업혁명으로 공장이 생기고, 기계들이 돌아가면서, 제조 기술을 지닌 인재들이 필요했다. 정보화 혁명으로 컴퓨터와 인터넷이 보급되면서, 정보를 잘 찾고 이용하여 문제를 잘 해결할 수 있는 인재들이 필요했다. 지금은 제2차 정보혁명의 시대로 4차 산업 시대, 창조 혁명의 시대이다. 클라우드 슈밥은 그의 저서 <제 4차 산업혁명>에서 "세상은 기술 결합에 따른 혁신의 시대로 이전하고 있다. 비즈니스 리더와 최고 경영자는 변화 환경을 이해하고 혁신을 지속해야 살아남을 수 있을 것이다"라고 말한다. 로봇과 인공지능과 비교할 수 없는 인간으로서의 가치를 존중하고, 바른 인성을 바탕으로 창의적으로 융합할 수 있는 인재들이 필요한 시대이다. 이제는 주입식 교육으로 암기를 잘해서 시험을 잘 치고, 열심히 쉬지 않고 일하면 성공하는 시대가 아니다. 암기는 로봇이 더 잘한다. 빅데이터를 통해 수천 년의 자료들을 순식간에 검토한다. 쉬지 않고 일하는 것도 로봇을 따라갈 수 없다. 로봇은 휴가도 안 가고, 잠도 자지 않고, 밥도 먹지 않고, 커피를 마시며 쉬지도 않는다.

그렇다면 4차 산업 시대가 필요로 하는 바른 인성 바탕의 창의 융합 인재가 되기 위한 핵심역량이 무엇일까? 2015년 개정 교육과정에서 **4차 산업 사회가 요구하는 인재상의 핵심역량을**

<u>6C, 즉 자기 관리 역량(Confidence), 지식 정보 처리 역량 (Contents), 창의적 사고 역량 (Creative Innovation), 심미적 감성 역량 (Critical Thinking), 의사소통 역량 (Communication), 공동체 역량 (Collaboration), 6가지로 꼽고 있다.</u>

　4차 산업 시대 필요로 하는 인재는 자기 자신에 대한 바른 정체성을 가지고, 자신감을 가지고 자기 삶과 진로에 필요한 자질들을 갖추어 가는 자기 주도적인 삶(Confidence)을 사는 사람이다. 폭넓은 독서를 통해 다양한 영역의 지식과 정보를 얻고 처리하여 문제를 해결할 수 있는 능력(Contents)을 갖춘 사람이다. 폭넓은 기초 지식을 바탕으로 다양한 전문 분야의 지식, 기술, 경험을 융합적으로 활용하여 새로운 것을 창출하는 능력(Creative Innovation)을 지닌 사람이다. 인간에 대한 공감적 이해와 문화적 감수성을 바탕으로 글을 쓰고, 비판적으로 사고할 수 있는 능력(Critical Thinking)을 지닌 사람이다. 듣고, 읽고, 쓰고, 말하며 토론하는 가운데 다양한 상황에서 자기 생각과 감정을 효과적으로 표현하고 다른 사람의 의견을 경청하며 존중하는 능력(Communication)을 개발한 사람이다. 자기 자신만의 이익을 추구하지 않고, 지역 · 국가 · 세계 공동체의 구성원으로서 요구되는 가치와 태도를 보이고 공동체의 발전에 적극적으로 참여하며 협업할 수 있는 능력(Collaboration)을 갖춘 사람이다.

우리는 어떻게 우리 자신과 아이들이 4차 산업시대 인재가 되도록 도울 수 있을까? 하브루타이다! 앞에서 언급했듯이 **하브루타(חברותא '우정, 동료관계')는 짝과 질문, 토론, 논쟁하며 본문을 학습하는 유대인 정통 학습법**이다. 하브루타는 '연합하다, 친구가 되다, 동맹하다'라는 의미를 가진 '하바르'(חבר)동사에서 파생된 명사이다. 그 의미에서 알 수 있듯이 하브루타는 공부를 잘하기 위한 방법이 아니라, 하베르(하브루타 짝)와 '철이 철을 날카롭게 하듯이' 질문과 토론을 하며 서로를 세워주는 좋은 친구 관계를 만들어 가는 대화법이다.

대화하고 토론하는 것이 어떻게 우수한 인재를 만들까?
하브루타 대상은 자신과 본문과 하베르(하브루타의 짝), 세 가지이다. 자기 자신과 끊임없는 하브루타로 ① **자기 관리 역량(Confidence)**이 향상된다. 하브루타 본문과 깊이 있는 하브루타로 본문이 말하고자 하는 것을 찾아내는 ② **지식 정보 처리 역량(Contents)**이 강화된다. 하베르(하브루타의 짝)와 치열하게 질문하고 대답하고 토론하고 논쟁하는 동안 그들의 뇌는 치열하게 격동하고, 결과적으로 ③ **창의적 사고(Creative Innovation)**와 ④ **비판적 생각하는 능력(Critical Thinking)**이 향상되고, 함께 대화하며 문제를 해결하는 ⑤ **의사소통(Communication) 역량**과 ⑥ **공동체 역량(Collaboration)**이 강화된다. 하브루타는 이렇게 **4차 산업 사회가 요구하는 핵심**

역량 6C를 갖춘 인재를 만들어 낸다.

　1950년대부터 1980년대까지는 보통 '평생직장'이라 하여 일생동안 하나의 직업에 끝까지 종사했다. 그때는 좋은 대학이나 직장에 취업하면 안정적인 삶을 보장받았다. 그러나 **이제 '평생직장'이라는 개념이 사라지고, '평생학습'의 시대가 왔다.** 수명은 늘어났지만, 정년이 빨라지고 빠르게 변하는 세상에서 살다 보면 **서너 가지의 직업을 가져야 하는 것이 놀랍지 않게 되었다.** 좋은 대학이나 좋은 직장이 안정적인 삶을 보장하던 시대는 끝났다. 부모에 의해 좋은 대학과 직장만 강요받은 아이들은 그 이후 스스로의 삶을 개척할 힘을 가질 수 없다. 끊임없이 자신을 성찰하고, 변화하는 사회를 배워가는 자기 주도적 학습을 하지 않는다면 사회에서 배제되고, 우울해질 수밖에 없다. **지금은 하브루타 할 때이다. 하브루타 질문을 통해 내가 좋아하는 것은 무엇인지, 어떻게 살아야 할지 질문하며 성찰하며 자기 주도적으로 삶을 만들어 가야 한다.**

하브루타 실습 3> 4차 산업시대에 필요한 역량은 어떤 것인지, 어떻게 우리가 그러한 역량을 가질 수 있는지 하브루타를 해요.

하브루타 질문	하브루타 해답의 예
Q) 4차 산업 시대가 필요로 하는 바른 인성 바탕의 창의 융합 인재가 되기 위한 핵심역량이 무엇일까요?	자기 관리 역량(Confidence), 지식 정보 처리 역량 (Contents), 창의적 사고 역량 (Creative Innovation), 비판적 사고(Critical Thinking), 의사소통 역량(Communication), 공동체 역량 (Collaboration) 이렇게 6C이다.
Q) 어떻게 자기 관리 역량을 키울 수 있을까요?	
Q) 어떻게 지식 정보 처리 역량을 키울 수 있을까요?	
Q) 어떻게 창의적 사고 역량을 키울 수 있을까요?	
Q) 어떻게 비판적 사고를 키울 수 있을까요?	
Q) 어떻게 의사소통 역량을 키울 수 있을까요?	
Q) 어떻게 공동체 역량을 키울 수 있을까요?	

4장
하브루타는 자녀와 관계가 좋아지게 한다

　하브루타가 짝과 질문, 토론, 논쟁하며 본문을 학습하는 유대인 정통 학습법이라고 해서 단순히 '공부 방법'만은 아니다. **하브루타는 지식을 습득하는 공부이기 전에 먼저 '좋은 친구가 되는 훈련' 이다.** 철이 철을 날카롭게 하듯이' 친구를 통해 서로를 더욱 성장시키는 과정이다. 여기서 친구는 나이가 비슷한 사람을 말하는 것이 아니다. 서로 존중하며 경청하며 질문과 토론을 할 수 있다면 누구나 하베르(하브루타 짝)가 될 수 있다. 좋은 하베르를 만나면 그만큼 더 성장하게 된다. 그러기 위해 내가 먼저 더 좋은 친구가 되어야 한다. 유대인 부모들은 그들의 자녀들에게 첫 번째 하베르가 되어준다. 임신한 사실을 알았을 때부터, 아이에게 태담으로 하브루타를 한다. 아이가 성장하면서도 베갯머리 하브루타, 식탁 하브루타, 일상 하브루타로 끊임없이 아이와 소통한다. 부모와 자녀의 관계가 좋아지지 않을 수 없다.

아들과의 하브루타

둘째 아이 태은이가 초등 4학년이 되었을 때, 문득 태은이의 외로움이 느껴졌다. 큰아이는 중학생이 되어 자신의 꿈과 목표를 찾아 그 꿈을 이루기 위해 스스로 열심히 공부하고 있었다. 유치원생이었던 막내딸과는 공주 책들 읽으며, 공주 옷 입히고, 사진 찍으며 많은 시간을 보냈다. 하지만 가운데 낀 태은이 와는 "밥 먹을래?", "숙제했니?"라는 말 외에는 주고받는 대화가 없었다. 마침 순천 삼산도서관에서 '하브루타' 교육이 있었다. 하브루타가 무엇인지는 잘 몰랐지만, 태은이와 같이 수업을 들으면 좋을 것 같아 함께 신청했다.

수업 듣는 3개월 동안 태은이와 짝이 되어 일주일에 한 번씩 하브루타를 했다. 아이와 "밥 먹었니?", "숙제했니?" 외에 다른 대화들을 할 수 있다는 것 자체가 너무 신기하고 신났다. 그 석 달 정도의 하브루타 수업들은 태은이와 나의 인생에 큰 영향을 끼쳤다. 무엇보다 **대화가 많은 모자 관계가 되었다**. 혼자서 고민하거나 힘들어하지 않고 어떤 문제든지 함께 토론할 수 있는 사이, 좋은 일이 있으면 함께 이야기하며 기뻐할 수 있는 **마음이 통하는 사이가 되었다**. 어느 순간 단순한 엄마와 아들 사이가 아니라, **마음이 통하는 하브루타 짝이 되어 있었다**. 하브루타를 통해 태은이는 자기 주도적인 아이로 커갔고, 나는 자녀양육의 기쁨을 더 크게 누리게 되었다.

하브루타의 기본 정신은 상대방에 대한 공감과 경청이다.
상대방을 존중하는 마음으로 **"네 생각은 어떠니?"** 물어주며 상대방의 마음을 먼저 들어주기 때문에 내 생각을 강요하거나 상대방을 억압해서는 안 된다. 부모의 지나친 기대가 얼마나 자녀들에게 부담을 주는지를 내가 체험했기 때문에 태은이에게 내가 원하는 방향으로 가도록 강요하지 않았다. 태은이는 누구의 강요가 아니라 스스로 자신의 비전을 키워가고, 그 비전을 이루기 위해 공부하고 준비하고 있다.

딸과의 하브루타

"난 오빠처럼 힘들게 공부하면서 살고 싶지 않아."
초등학교 6학년이 된 막내인 딸 고은이는 수학 학원을 며칠 가더니 가기 싫다고 했다. 아쉽지만 각자의 인생이 다르다는 것을 존중하여 그러라고 했다. 대신 일주일에 한 번 엄마와 하브루타 수업을 하자고 했다. 학원은 안 다니더라도, 생각하는 능력은 키웠으면 했다. 딸과 계속 하브루타를 하고 싶었지만, 학원 시간 때문에 하브루타 할 시간 내는 일이 쉽지 않았던 터라 학원 대신 하브루타를 제안했다. 딸은 흔쾌히 좋다고 해서,

2021년 10월 5일에 딸과 일대일 하브루타를 시작했다.

첫 하브루타는 아이의 자존감을 올려 줄 낸시 칼슨(Nancy Carlson)의 [I LIKE ME!]라는 영어 그림책으로 시작했다. 같이 책을 읽고, 각자 A4 종이에 질문을 적었다. 책에서 내용을 알 수 있는 사실 질문, 책에는 없지만 생각하게 하는 상상 질문, 내 삶에 적용하는 적용 질문으로 나누어 각자 질문을 3~4가지씩 만들어 서로 질문했다.

딸이 먼저 질문했다.

🙍 돼지의 가장 친한 친구는 누구입니까? (사실)
🧑 가장 친한 친구는 자기 자신이라고 했어요.
🙍 돼지는 혼자서 무엇 하는 것을 좋아합니까? (사실)
🧑 그림 그리고, 자전거 타고, 씻고, 좋은 음식을 먹어요.
🙍 돼지는 아침에 일어나서 자신에게 뭐라고 말했나요?
🧑 "Hi! Good looking!" (안녕, 멋지구나!)
🙍 돼지는 왜 가장 친한 친구가 자기 자신일까요?"(상상)
🧑 자기 자신과 혼자 있는 시간이 가장 많기 때문이에요.

그리고 내가 질문했다. 사실 질문과 상상 질문은 겹치는 것이 많아 적용 질문을 했다.

🧑 내가 나와 즐기는 것은 무엇인가요?

👧 그림 그리기, 비즈로 만들기, 게임 하기, 영화 보기.
👧 내가 실수했을 때 어떻게 할까요?
👧 어떤 부분 실수했는지 확인해 보고 될 때까지 노력해요.
👧 실수했는데 연습해서 괜찮아진 적이 있나요?
👧 그림 그리기와 듀오 링고, 그리고 영어 시험 쳤을 때.

 질문을 주고받고 난 뒤에, 딸이 좋아하는 그림으로 오늘의 그림책을 표현해 보았다. 그리고, 일주일 동안 있었던 일 중 기억에 남는 거, 가장 기뻤던 일과 가장 슬펐던 일을 이야기하고, 서로 칭찬하고 포옹하고 하브루타를 끝냈다.

 하브루타 본문은 고은이가 읽었으면 하는 책이나, 가르쳐 주고 싶은 주제들로 내가 정하기도 하고, 고은이가 원하는 책으로 하기도 한다. 프랜시스 호지슨 버넷의 [비밀의 화원]와 [톨스토이 단편집] 같은 소설책으로도 하고, [안네의 일기] 같은 일기도 했다. 딸에게 경제개념을 가르쳐 주고 싶어서 보도 셰퍼의 [열두 살에 부자가 된 키라]와 켈리 최의 [웰씽킹]도 하고, 인문학의 중요성을 가르쳐 주기 위해 이지성 작가의 [생각하는 인문학]도 했다. 세계사 이해도 필요할 거 같아서 전국 역사 교사 모임에서 나온 [나의 첫 세계사 여행]도 했고, 미술 작품들을 보여주기 위해 전성수 작가의 [창의력이 빵 터지는 즐거운 미술 감상]으로도 하브루타를 했다.

바빠서 책을 미리 읽을 수 없었을 때는 유현심·서상훈 대표의 [진로 독서를 위한 10분 책 읽기]로 같이 읽고 했다. 좋은 책들이 너무 많아 매일 하브루타를 하고 싶은데, 딸이 기쁘게 여유 있는 마음으로 오래 하게 하려고 욕심을 누른다.

매주 하브루타를 한 기록들은 내게 소중한 보물들이다. 자유롭게 질문을 기록하기도 하고, 진북에서 배운 대로 7 키워드(낭독, 경험, 재미, 궁금, 중요, 메시지, 필사)로 질문하고 답한 것들을 기록하기도 했다. 주제나 책에 맞게 마인드맵으로 기록하기도 하고, 내가 워크시트를 직접 만들기도 했다.

오래전에 했던 하브루타도 다시 읽으면 새록새록 기억나고, 마음이 따뜻해지고, 입에는 저절로 미소를 띠게 된다. 고은이가 하브루타 한 내용을 더 오래 기억하고 좋은 추억으로 남기기 위해 책도 쓰자고 했다. 고은이는 나와 하브루타 한 내용으로 혼자서 첫 번째 책을 썼고, 나와 공저하여 두 번째 책을 썼다. 아이와 하브루타 하는 시간이 무엇과도 비교할 수 없을 만큼 행복하다. **하브루타를 통해 아이와 쌓아가는 추억들과 그 기록들은 내겐 세상의 어떤 비싼 책보다 소중하다.** 처음 하브루타를 시작한 때보다 훌쩍 큰 딸이 훗날 훨씬 더 커버렸을 때, 이렇게 엄마와 나누었던 이야기들을 녹음하며 기록해 둔 것들이 더욱 소중하게 느껴질 거 같다.

하브루타 실습 4> 다음 질문들을 통해 자녀와의 관계를 돌아보는 하브루타를 해요.

하브루타 질문	하브루타 해답의 예
Q) "4장 하브루타는 부모와 자녀의 관계가 좋아지게 한다."를 읽고, 어떤 생각이 드나요?	
Q) 내가 아이에게 주로 하는 질문은 무엇인가요?	
Q) 아이와 어떤 관계를 갖고 싶나요?	
Q) 아이와 좋은 관계를 갖기 위해 내가 오늘 아이에게 해야 할 질문들은 무엇일까요?	

지금까지 1부에서는 왜 하브루타를 해야 하는지 그 이유를 알아보았다. 하브루타는 자기 성찰 질문을 통해 자신의 인생의 길을 찾게 하고, 잃어버린 공부의 재미를 회복하게 한다. 또한 4차 산업시대에 필요한 자기주도적이고 창의적인 인재로 만들어 주며, 공감과 경청으로 주변 사람들과 좋은 관계를 만들어 가게 한다.

하브루타가 뭐길래 이렇게 좋은 영향력을 끼칠까? 2부에서는 하브루타가 무엇인지 자녀와 하브루타를 하기 위해 알아두면 좋은 내용을 소개한다.

하브루타란 무엇일까?

하브루타(חברותא '우정, 동료관계')**는 짝과 질문, 토론, 논쟁하며 본문을 학습하는 유대인 정통 학습법**이다. 하브루타는 '연합하다, 친구가 되다, 동맹하다'라는 의미를 가진 '하바르'(חבר) 동사에서 파생된 명사이다. 그 의미에서 알 수 있듯이 하브루타는 공부를 잘하기 위한 방법이 아니라, 하베르(하브루타 짝)와 '철이 철을 날카롭게 하듯이' 질문과 토론을 하며 서로를 세워주는 좋은 친구 관계를 만들어 가는 대화법이다.

하브루타의 기본원리

우리나라에 처음으로 하브루타 교육법을 소개한 故전성수 교수는 [질문하는 공부법 하브루타]에서 하브루타의 기본원리를 다음 15가지로 말하고 있다.

1. 하브루타는 질문이 핵심이다.
2. 틀린 답을 말해도 정답을 말해주지 않고 다시 질문으로 답한다.
3. 하브루타 하기 전 충분히 내용에 대해 알게 해야 한다.
4. 아이가 생각하고 판단하고 결정하고 행동하게 한다.
5. 하브루타는 사고력 신장이 목적이다.
6. 질문하고 대화할 때는 집중해서 눈을 보고 그 어떤 대답도 막지 않고 수용한다.
7. 대답에서 구체적인 근거를 들어 칭찬한다.
8. 남과 다르게 생각하도록 격려한다.
9. 모르는 것은 책을 다시 보거나 인터넷을 검색하는 등 스스로 찾아보게 한다.
10. 많은 내용을 하브루타 하기보다 하나의 내용을 깊이 있게 길게 하브루타 하는 것이 좋다.
11. 다소 어려운 내용도 쉬운 용어로 질문해 생각하게 하는 것이 좋다.
12. 모든 일상에서 하브루타를 하되 시간을 정해서 정기적으로 한다.
13. 집에서 하는 경우 잠들기 전이 하브루타 하기에 가장 좋은 시간이다.
14. 나이가 어리더라도 쟁점을 만들어 토론과 논쟁으로 끌고 가는 것이 뇌를 계발하는 방법이다.
15. 꼭 가르쳐야 하는 원칙이나 가치관은 대화를 통해 분명하게 인지하게 한다.

유대인 교사들은 학생들의 질문이 무엇인지 끊임없이 질문하며, 학생들 스스로가 해답을 찾아가도록 돕는다. 유대인 부모들도 자녀들이 학교에서 돌아오면, "오늘 선생님에게 무슨 질문을 했니?"라고 묻는다. 아이들에게 지시하고 요구하고 설명하기보다 스스로 생각할 수 있도록 질문을 하고, 질문 하도록 격려한다. <u>호기심이 없으면 질문도 없고, 질문이 없으면 배움이 없기 때문이다.</u>

<u>아이들이 잘못된 대답을 하더라도 바로 답을 가르쳐 주지 말고, 보다 구체적으로 질문함으로 아이가 더 깊이 생각해서 스스로 답을 찾을 수 있도록 도와야 한다.</u> 하브루타의 목적은 하나의 지식을 더 얻는 것보다 생각하는 능력을 키우는 것이기 때문이다. 뭔가를 외우고 알게 하는 것보다 뇌를 자극해 사고력을 높여 안목과 통찰력, 비판적 사고력을 길러주는 것이 하브루타의 목적이다. 해결책을 제시하기보다 스스로 해결책을 생각하게 "진짜 문제가 무엇일까?", "네가 지금 할 수 있는 일은 무엇일까?", "그렇게 한다면 어떤 결과가 나올까?"라고 질문을 통해 충분히 생각해 볼 수 있도록 해야 한다.

하브루타를 하다 보면 서로 의견이 같을 때도 있지만, 견해가 다를 때도 있다. 서로 다른 견해를 어떻게 합의에 도달하게 할지 그 과정을 배운다. 의견이 다르더라도 상대방의 의견 존중하는 태도를 배운다. 이기고 설득하기 위해 논쟁하는 것이

아니라 나를 발전시키고 성숙시키기 위한 논쟁이다. 하브루타는 정답이 아니라 해답을 찾는 것이다. 정답(定答)은 정해진 하나의 옳은 답이기에 다른 답은 틀렸다고 하지만, 해답(解答)은 풀어낸 답으로 여러 가지의 답이 나올 가능성을 열어놓은 것이다.

그렇다면 하브루타는 어떤 모양으로 진행이 될까?

하브루타 학습의 삼각모형

유대 교육학자 엘리 홀저(Elie Holzer)는 [하브루타란 무엇인가]에서 하브루타 학습의 삼각모형을 다음과 같이 소개한다.

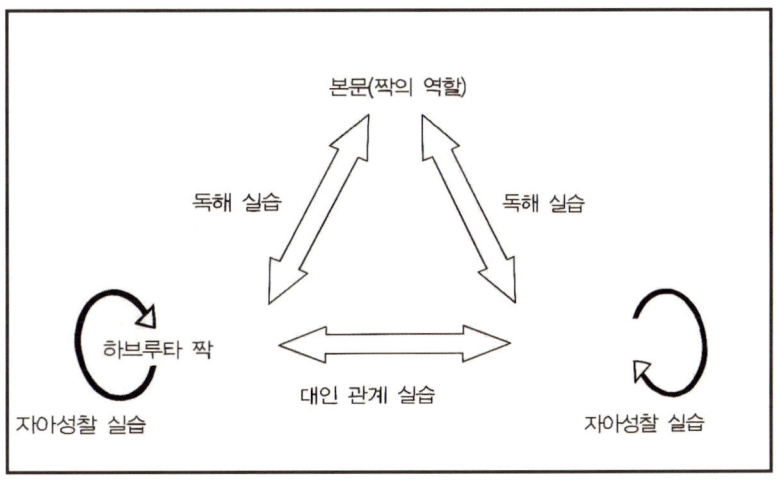

하브루타의 학습 과정은 하베르(하브루타 짝)와 함께 본문이 말하고자 하는 진정한 의미를 같이 찾아가는 과정이다. 이때 하브루타를 하는 내가 하브루타를 하며 대화를 나누어야 하는 대상은 **하베르(하브루타의 짝) 뿐 아니라, 본문과 자신, 이렇게 세 파트너**이다.

하브루타 본문은 단순히 종이 위에 쓰인 글이 아니라, **하브루타의 첫 번째 파트너**이다. 하베르와 토론을 하기 전에 먼저 본문이 하고자 하는 말을 경청하는 자세로 읽고 질문해야 한다. 내 목소리를 본문에게 빌려준다는 마음으로 크게 소리 내어 본문을 반복해서 읽고, 본문을 풀어서 설명하고, 본문의 구조를 분석하고, 본문에게 질문을 하며, 핵심어와 핵심 의미를 찾아내어야 한다. 즉, 독해(讀解)를 하는 것이다. 글을 읽으며 뜻을 이해하는 것이다.

하브루타의 두 번째 파트너는 자기 자신이다. 본문을 독해하거나 하베르의 의견을 경청함으로 자신의 선입견, 가치관, 신념 등을 인식하고 발견하는 자아 성찰을 하는 것이다.

하브루타의 세 번째 파트너는 하베르(하브루타 짝)이다. 자신의 의견은 근거를 들어서 말하고, 상대방의 의견은 경청하고, 근거를 들어 찬성이나 반대하며, 해석을 지지해 주거나 문제를 제기한다. 지지하거나 문제를 제기하기 전에 먼저 경청해야 한다. 이때, "당신 말의 의미는 000입니까? 더 이야기해 주시겠어요?"라고 질문하며, 내가 듣고 싶은 것이 아니라, 하베르가 정말 말하고자 하는 것이 무엇인지 먼저 듣는 것이 중요하다. 또한, "당신의 의견에 대한 근거는 무엇입니까?" 질문하며 하베르가 본문에서 근거를 제시할 수 있도록 돕는다. 지지나 문제를 제기할 때는 왜 지지하는지 왜 반대하는지 본문에서 근거를 제시하며 말해야 한다. 하브루타는 이기기 위한 토론이 아니라 '철이 철을 날카롭게 하듯이' 서로를 돕기 위한 것이라는 기본 정신을 잊어서는 안 된다.

하브루타를 실제로 하기 전에 먼저 '지지'나 '반박'의 좋은 점을 알고, 지지하거나 반박할 때 사용할 문장을 알면 하브루타 방법을 훈련하는 데 도움이 된다.

'지지'나 '반박'에 어떤 좋은 점이 있을까? 일반적으로 토론을 할 때, 파트너의 의견에 동의하면 지지하지만, 동의하지 않을 때는 반박을 한다. 하지만, 하브루타 토론에서는 동의해도 반박과 지지를 모두 할 수 있고, 동의하지 않을 때도 지지와 반박을 모두 할 수 있다. 단 반박 근거와 지지 근거를 말해야 한다. 하브루타의 목표는 싸워서 이기는 것이 아니라 함께 더 나은 해답을 찾아가는 것이기에 근거를 가진 지지와 반박은 더욱 나은 이해를 위한 과정이다. **지지와 반박을 통해 논리적 사고력과 문제해결력이 자라고, 본문에 대한 더 깊은 이해를 할 수 있다.**

지지나 반박할 때는 다음과 같은 문장을 사용하여 훈련하면 도움이 된다.
"당신은 OOO이라고 말씀하셨는데, OOO 페이지에서도 OOO이라고 말하네요." (지지의 근거)
"당신은 OOO이라고 말씀하셨는데, 그렇다면 OOO 페이지의 OOO에 대해서는 어떻게 생각하세요?" (반박의 근거)

그냥 한 번 읽고 지나가도 될 것 같은 본문을 왜 이렇게 시간과 노력을 들여서 하브루타를 할까? 본문과 하베르의 의견을 경청하고, 내 생각을 언어로 잘 표현하며, 서로 도우며 본문의 바른 의미를 찾아가는 과정이 시간과 노력을 요구하지만, 이 과정을 통해 암기력 · 비판적 사고력 · 협동심이 향상되고, 윤리적 · 영적 성숙이 일어난다.

또한, 나의 내면에도 귀를 기울이게 되고, 자신의 속 성품과 미덕을 함양하게 되어 학습뿐만 아니라 성숙한 삶을 만들어 갈 수 있게 만든다. 여기서도 알 수 있듯이 하브루타 학습의 이유는 학위나 경력을 쌓는 것이 아니라 더 나은 인간이 되기 위함이다.

하브루타 실습 5> 짝에게 하브루타의 기본원리와 하브루타 학습의 삼각모형을 설명해 보세요.

> 하브루타의 기본원리를 짝에서 읽어 주며 초성을 불러주면 짝이 정답을 맞추어요. 한 사람이 끝나면 바꾸어 해요.
> (퀴즈 하브루타, "왜냐하면"을 붙여 말해도 좋아요.)

1. 하브루타는 ㅈㅁ 이 핵심이다.
2. 틀린 답을 말해도 정답을 말해주지 않고 다시 ㅈㅁ 으로 답한다.
3. 하브루타 하기 전에 충분히 ㄴㅇ 에 대해 알게 해야 한다.
4. ㅇㅇ 가 생각하고 판단하고 결정하고 행동하게 한다.
5. 하브루타는 ㅅㄱㄹ 신장이 목적이다.
6. 질문하고 대화할 때는 집중해서 ㄴ 을 보고 그 어떤 대답도 막지 않고 ㅅㅇ 한다.
7. 대답에서 ㄱㅊㅈㅇ ㄱㄱ 를 들어 칭찬한다.
8. 남과 ㄷㄹㄱ 생각하도록 격려한다.
9. 모르는 것은 ㅊ 을 다시 보거나 인터넷을 검색하는 등 ㅅㅅㄹ 찾아보게 한다.
10. 많은 내용을 하브루타 하기보다 하나의 내용을 ㄱㅇ 있게 길게 하브루타 하는 것이 좋다.
11. 다소 어려운 내용도 쉬운 용어로 ㅈㅁ 해 생각하게 하는 것이 좋다.
12. 모든 일상에서 하브루타를 하되 ㅅㄱ 을 정해서 정기적으로 한다.
13. 집에서 하는 경우 ㅈㄷㄱ ㅈ 이 하브루타 하기에 가장 좋은 시간이다.
14. 나이가 어리더라도 쟁점을 만들어 토론과 논쟁으로 끌고 가는 것이 ㄴ 를 계발하는 방법이다.
15. 꼭 가르쳐야 하는 ㅇㅊ 이나 ㄱㅊㄱ 은 대화를 통해 분명하게 인지하게 한다.

하브루타 학습의 삼각모형을 완성하고 짝에게 설명해 보세요.(설명 하브루타)

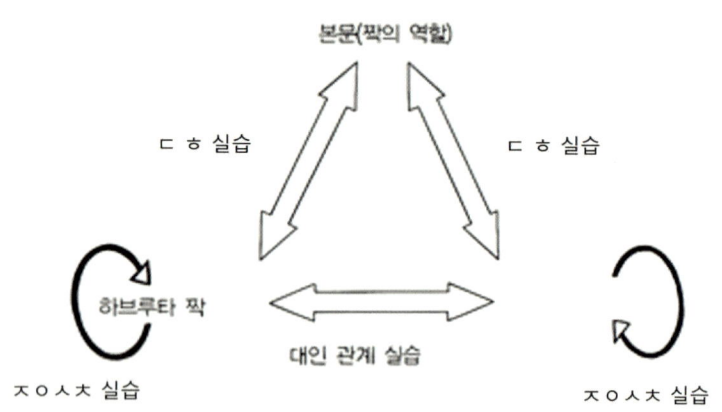

Q) 지지의 근거와 반박의 근거를 사용하여 말을 해 보세요.
"당신은 000이라고 말씀하셨는데, 000 페이지에서도 000이라고 말하네요."(지지의 근거)
"당신은 000이라고 말씀하셨는데, 그렇다면 000 페이지의 000에 대해서는 어떻게 생각하세요?"(반박의 근거)

2장
하브루타에 담긴 정신은 무엇일까?

　하브루타 교육법이 유대인들을 세계 인재로 만들었다는 것이 알려지자, 대한민국 여기저기에서 하브루타 교육법을 도입하고 있다. 유명 학원들에서는 하브루타 공부법을 명문대로 가는 길로 보며 토론과 논쟁을 가르친다. 하지만, 유대인 하브루타는 단지 질문하고 답하는 자기 주도적 토론 공부법이 아니다. 질문하고 답하는 토론 공부법은 유대인 하브루타의 빙산의 일각이다.

　하브루타 토론이 다른 토론 공부와 특별히 다른 점은 무엇일까? 유대인 하브루타에는 유대인의 깊은 철학, 정신들, 삶이 담겨 있다. 유대인 하브루타 공부법에 대하여 논하기 전에 먼저 하브루타에 담겨 있는 정신이 무엇인지 알아야 한다. 그렇지 않으면 유대인들을 세계에서 뛰어난 민족이 되게 한 하브루타와 아무 상관도 없는 하브루타가 된다.

하브루타에는 다음 다섯 가지의 정신이 담겨 있다.
'바르 미쯔바, 티쿤 올람, 쩨다카, 후츠파, 로쉬 가돌, 리쉬마'

바르 미쯔바

'바르 미쯔바(아들+율법: בר מצוה)' 또는 '바트 미쯔바(딸+율법: בת מצוה)'는 유대인 남자의 경우 13세, 여자의 경우 12세 때, 성년 의례를 치른 사람들을 가리키는 말이다. 유대인 부모들은 자녀를 임신한 시기부터 태아에게 하나님의 말씀, 토라(모세 5경)를 <신명기 6장 4절에서 9절>의 하나님의 명령에 따라 밥 먹을 때마다, 자기 전, 기회 되는 대로 온 정성을 다해 가르친다. **하나님께 선택받은 민족으로 하나님이 주신 율법을 따라 거룩하게 살도록 하기 위함이다.**

<신명기 6장 4~9절>
"이스라엘아, 들으라 우리 하나님 여호와는 오직 유일한 여호와이시니 너는 마음을 다하고 뜻을 다하고 힘을 다하여 네 하나님 여호와를 사랑하라. 오늘 내가 네게 명하는 이 말씀을 너는 마음에 새기고, 네 자녀에게 부지런히 가르치며 집에 앉았을 때든지 길을 갈 때든지 누워 있을 때든지 일어날 때든지 이 말씀을 강론할 것이며, 너는 또 그것을 네 손목에 매어 기

호를 삼으며 네 미간에 붙여 표로 삼고, 또 네 집 문설주와 바깥 문에 기록할지니라."

그리하여 아들의 경우 13세, 여자의 경우 12세가 되면, 성인식을 치른다. '바르 미쯔바', '바트 미쯔바'가 되었다는 의미는, 부모로부터 하나님에 대해 배웠던 자녀들이 이제 한 사람의 성인으로서 직접 인격적으로 하나님을 만나게 된다는 의미이다.

왜 이렇게 어린 나이에 성인식을 치를까? 유대인들은 AD 70년 로마에 나라를 빼앗긴 후, 뿔뿔이 흩어져서 살게 되었다. 그들은 그들이 하나님의 율법을 어겼기 때문에 나라를 빼앗겼고, 그들이 다시 율법을 열심히 지키면 하나님이 나라를 회복해 주실 것을 믿었다. 그래서, 세상 어느 나라로 흩어지더라도 성인 남성 10명만 모일 수 있으면 '회당'을 만들어, 그들의 율법을 배우고 익히고 있다. 어디 가나 외국인으로서 핍박과 박해로 많이 죽었기 때문에 성인식의 나이가 13세로 어려졌다고 한다. 그들의 믿음대로 하나님은 1948년 '이스라엘'이라는 이름으로 다시 독립된 나라를 갖도록 해 주셨다.

성인식은 우리나라의 결혼식같이 성대하게 치러지고, 축복문 낭송(토라), 설교(드라샤), 테필린 수여(랍비), 축하 파티 등의 순서로 진행된다. 성인식이 끝난 후에는 시간을 소중히 여기라는 의미로 시계와 여행, 종잣돈을 선물로 받는다. 아이들은 성인식 때 받았던 종잣돈을 그들이 부모의 품을 떠나는 18세까지 그들의 이름으로 주식과 채권, 정기예금 등으로 나누어 투자한다. 훗날 그들은 몇십 배로 불어난 큰돈을 그들의 독립자금으로 사용할 수 있게 된다.

유대인들이 하나님께 선택받은 민족으로 하나님이 주신 율법(토라)을 따라 거룩하게 살기 위해 질문하고 토론한 내용들이 탈무드이고, 그렇게 해답을 찾아가는 과정이 하브루타이다.

티쿤 올람

'티쿤 올람(תיקון עולם)'의 '티쿤(תיקון)'은 '고치다'라는 의미이고, '올람(עולם)'은 '세상'이라는 의미이다. 즉, '세상을 고친다'라는 뜻이다. 유대인들은 하나님께 택함 받은 백성이라는 선민사상이 있다. 그들은 하나님께 선택받은 민족으로서 하나님이 주신 재능으로 하나님이 창조하신 세상을 좀 더 살기 좋고 풍요롭게 만들기 위한 책임과 의무를 다해야 한다고 생각한다. 그들이 공부하는 이유는 좋은 대학, 좋은 직장에 취직하여 돈을 많이 벌고 안정된 가정을 꾸리는 것이 아니라, 세상을 개선하고 완성해 가는 것이다. **어떻게 하나님이 맡기신 세상을 잘**

고쳐나갈지 질문하고 토론하는 것이 하브루타이다. 노벨상을 많이 타게 된 이유도 이렇게 세상을 개선해 나가고자 하는 그들의 노력 때문이다.

쩨다카

'쩨다카(צְדָקָה)'는 히브리어로 '정의', '올바름'을 의미한다. 유대인에게 선행은 경제적 여유가 있을 때 '특별히 베푸는 것'이 아니라, '당연히 행해야 하는 공정한 일'이다. 유대인에게 이웃을 돕는 것은 당연한 일이다. 그들은 '신은 부자를 통해 빈자를 도우신다'라고 생각하고, 쩨다카 계명을 모든 다른 계명을 합친 것보다 중요하게 생각한다. 유대인들은 가정마다 쩨다카 저금통을 두고 어린 시절부터 쩨다카를 경험하게 한다. 쩨다카를 통해 다른 사람들에게 돈을 흘려보낼 때, 하나님이 복을 주신다는 믿음을 가지고 있다.

유대인 쩨다카에는 순위가 있다. 유대인이 생각하는 돌봐야 하는 이웃은 옆집에 사는 사람뿐만 아니라 나와 가장 가까운 사람, 가족부터이다. 1순위는 아내, 2순위 13세 미만 어린 자녀, 3순위 부모, 4순위 13세 성인식 치른 자녀, 5순위 2촌 형제와 자매, 친인척, 6순위 이웃사촌(이웃 공동체), 7순위는 조국 이스라엘, 8순위 해외 이스라엘 공동체, 9순위 지구촌 이웃들이다.

또한, 쩨다카 실천에는 8단계의 품격이 있다. 1단계 아깝지만 마지못해 도와주는 단계, 2단계 적지만 기쁘게 주는 단계, 3단계 요청받고 도와주는 단계, 4단계 요청받기 전에 돕는 단계, 5단계 주는 자가 누구인지 알 수 있도록 받는 자에게 주는 단계, 6단계 주는 자는 받는 자가 누구인지 알지만, 받는 자는 모르는 단계, 7단계 쌍방이 서로 모르면서 주고받는 단계, 8단계 받는 자가 스스로 자립할 수 있도록 돕는 것이다.

쩨다카의 실천이 개인과 공동체에 어떤 유익을 줄까? 먼저 개인에게는 인간의 본성적인 이기적 성향을 중화해 주고, 경제적 선순환의 삶을 통해 본인도 풍요한 삶을 살게 된다. 또한, 각 개인이 공동체를 생각하고 베풀고 나누는 리더십을 가짐으로 공동체 전체가 풍요하게 된다.

이러한 쩨다카 정신은 나라를 잃어버리고 전 세계에 흩어져 사는 유대인들이 자신들의 나라와 신앙을 잃어버리지 않고 자립하는 데 큰 힘이 되고 있다.

쩨다카를 잘 하기 위해 어떻게 하나님이 주신 재물들을 잘 나누어야 하는지 질문하고 토론하고 논쟁하는 것이 또한 하브루타이다.

후츠파

'후츠파(חוצפה)' 정신은 히브리어로 '뻔뻔함', '담대함', '저돌성', '무례함' 등을 뜻한다. 형식과 권위에 얽매이지 않고, 끊임없이 질문하고 도전하며, 때로는 뻔뻔하면서도 자신의 주장을 당당히 밝히며, '안된다'는 말에 굴복하지 않는 이스라엘인 특유의 도전정신을 나타내는 말이다.

이스라엘은 대한민국의 5분의 1의 국토를 가진 나라이다. 인구도 921만 정도로, 대한민국의 5분의 1도 되지 않는 나라이다. 게다가 토지 대부분이 척박한 사막이고, 광물도 희귀하고, 늘 전쟁의 위험에 노출되어 있다. 이러한 어려움에도 불구하고 이스라엘은 정치, 경제, 사회, 문화, 각 방면에서 21세기를 이끌어 가고 있다.

전 세계 새로운 투자 31%가 이스라엘 국토에서 이루어지고 있고, 전 세계 포천(미국의 종합 경제지) 100대 기업 70%가 이스라엘에 연구소를 갖고 있다. 이스라엘에 있는 대학의 특허들이 산업과 연결되어 히브리대학만 연간 특허 사용료 매조 1조 원이고, 이스라엘 전체 대학의 연간 특허 사용료 2조 5천억이 된다. 사막 지역이 대부분인 이스라엘에서 바닷물을 민물로 바꾸는 역삼투압 기술을 개발하여, 1달러로 바닷물 1톤을 민물로 바꾸어낸다. 그뿐만 아니라 사막 밑바닥 암반층에 물을 가두어 놓고 물고기를 길러 그 배설물이 섞인 물로 유기농 농사를 한다. 또한, 주변이 적들로 둘러싸인 이스라엘 땅에서 인터넷 보안기술로 세계를 제패했다.

카이스트 과학기술 정책 대학원 교수는 <후츠파로 일어서라>에서 **후츠파에는 형식의 파괴, 질문의 권리, 상상력과 섞임, 목표 지향, 끈질김, 실패로부터의 교훈, 위험의 감수와 같은 7가지 의미가 있다**고 말했다.

그는 대한민국도 형식에 얽매이지 않고 누구나 마음을 열고 스스럼없이 질문하는 사회, 남이 하는 일에도 관심과 조언을 아끼지 않으며 위험성을 인정해 주고 그에 따른 실패에 낙오자의 낙인을 찍지 않는 사회, 실패에서 배운 것이 있다면 오히려 그 경험의 가치를 인정해 주는 사회를 만들어 가야 한다고 말했다. 도전을 격려하는 사회 분위기를 통해 활력을 잃어가는 젊은이들을 일으켜 세우기 위함이다.

윤종록 교수는 또한 **대한민국이 유대인에게 배울 후츠파의 요소 중 가장 필요한 것이 '질문의 권리'와 '실패로부터의 교훈'**이라고 말했다. 창의적 아이디어는 끊임없는 질문과 토론에서 나올 수 있는데, 부끄럼을 당할까 질문을 하지 못하게 되면 창의적 아이디어를 만들 수 없다. 또한, 실패를 두려워하게 되면 시작도 할 수 없다. 누구에게나 언제든지 자유롭게 질문할 수 있다면, 좋은 아이디어들이 모여 혁신적 아이디어들을 만들어 낼 수 있다. 실패로부터의 교훈을 중요하게 생각하게 되면, 실패에 대한 두려움이 사라지고, 실패해도 다시 도전할 힘을 얻게 된다. 이스라엘의 벤처 영웅 '도브 모란'도 뉴욕 컨퍼런스에서 발표할 때 노트북 고장으로 발표 자료를 공개하지 못하던 실패로부터 교훈을 얻어 USB 메모리를 발명했다.

유대인들은 이러한 후츠파의 도전정신으로 누구에게나 언제 어디든지 뻔뻔하고 당돌하고 자유롭게 질문함으로 하브루타를 한다.

로쉬 가돌

'로쉬 가돌(גדול ראש)'은 히브리어로 '큰 머리', 또는 '큰 지도자'라는 뜻이다. 이는 책임과 추가 업무를 회피하기 위해 상부에서 내려오는 지시를 최대한 좁게 해석하는 소극적인 자세를 의미하는 '작은 머리'를 뜻하는 '로쉬 카탄'의 반대말이다. **'로쉬 가돌'은 지시는 따르지만, 자신의 판단을 더 하여 더욱 효과적인 방법을 고안하고 실행한다는 뜻**이다.

1969년 7월 20일 미 항공우주국(NASA)은 케네디 대통령 재임 시절 '아폴로 프로젝트'를 성공적으로 수행했다. 그 후 닉슨

대통령 정부에서는 미 항공우주국에 보잉 747기처럼 매번 다시 활용할 수 있는 우주 왕복선을 목표로 한 '컬럼비아 프로젝트'의 임무를 내렸다. 이때 정부 관리는 아폴로 프로젝트의 자료를 토대로 표준지침을 만들어 모든 과정을 통제했지만, 발사 후 16일째 되던 날 폭발이라는 대참사를 맞았다. 이스라엘은 컬럼비아 프로젝트의 임무 수행 과정을 집요하게 분석한 끝에 로쉬 가돌적 사고와 로시 카탄적 사고의 차이라는 교훈을 얻었다. 나사에서는 과거에도 단열재가 분리되는 사고를 여러 차례 보아왔기 때문에 발사 직후 문제의 장면을 포착했음에도 불구하고 대수롭지 않게 여겨 지나치고 말았다. 문제의 원인이 무엇인지 확실하게 점검하고 정비하기 위해 시간을 지체하기 원하지 않았기 때문이다.

미국이나 이스라엘뿐 아니라, 우리 사회에서도 얼마든지 있는 예이다. 삼풍 백화점이 무너질 조짐이 있었을 때, 영업을 중단하고 사람들을 대피시키고 점검했다면 그렇게 많은 사람이 죽지 않았을 것이다. 핼러윈 축제 때 인원이 몰리니 대책을 세워야 한다는 의견에 귀를 기울이고 의논하여 예방 조치를 취했더라면, 신고 전화가 접수되었을 때 신속히 대처했다면, 이태원 참사도 없었을 것이다. 이태원에 수많은 사람이 몰려 압사의 위험이 매번 있었지만, '지난번에 괜찮았으니 이번에도 괜찮겠지' 하는 안일한 대응이 큰 사고를 만들었다.

로쉬 가돌은 지시를 따르되 자신의 판단을 신뢰하고 틀에 박힌 규율보다 즉흥적인 판단을 중시하면서 적극적으로 책임을 지는 태도를 말한다. 또한 임무를 수행하는 과정에서 이상 징후나 개선의 여지가 있으면 하브루타 토론과 창의력을 발휘하여 문제를 해결해 나가는 것을 말한다.

리쉬마

'리쉬마(for its own sake)의 정신'이란 '본질을 추구하는 정신'이다. 논쟁을 통해 비본질들을 잘라내고 본질로 나아가고 버릴 것과 취할 것을 선택하는 능력을 기른다.

유대인들은 '토라'와 '탈무드'로 하브루타를 한다. '토라(תוֹרָה)'는 '던지다, 가리키다, 가르치다'라는 의미의 '야라(יָרָה)'라는 히브리어 동사에서 파생되었다. 하나님이 이스라엘 백성들에게 온 삶을 던져 가리키고, 가르치라고 명령하신 모세오경(창세기, 출애굽기, 레위기, 민수기, 신명기)을 말한다. '탈무드(תלמוד)'는 '찌르다, 배우다, 연습하다, 훈련하다, 공부하다'라는 의미의 히브리 동사 '라마드(לָמַד)'에서 파생된 명사이다. 토라에 대한 해석과 주석, 토론과 논쟁인 구전 율법들을 모아서 편집한 '미쉬나'와 미쉬나에 대한 토론과 논쟁을 모은 '게마라'를 합친 책이 탈무드이다. 탈무드는 유대인들이 토라를 실제 삶에 적용하기 위해 깊이 연구하고 공부한 책이라고 할 수 있다.

유대인들이 토라와 탈무드로 하브루타를 하는 목적은 공부를 잘해서 좋은 학교에 진학하기 위한 것이 아니다. 많은 돈이나 명예를 얻기 위한 것도 아니다. **유대인들의 토라 하브루타의 목적은 하나님의 말씀인 율법을 즐거워하고 그 말씀들을 잘 지키기 위함이다.** '공부 자체를 위한 공부', '공부 자체가 유익이요 보상인 공부'를 한다.

☞ **토라와 탈무드란?**

토라	유대인의 율법, 모세오경
미쉬나	토라에 대한 해석과 주석, 토론과 논쟁인 구전 율법들을 모아서 편집한 것
게마라	미쉬나에 대한 토론과 논쟁을 모은 것
탈무드	미쉬나 + 게마라

유대인들의 '바르 미쯔바, 티쿤 올람, 쩨다카, 후츠파, 로쉬 가돌, 리쉬마' 등등 이 모든 것을 가능하게 하고, 다음 세대들에게 이어지도록 하는 것이 바로 '하브루타'이다.

하브루타(חברותא)는 원래 단어의 의미가 '우정, 친구'이다. 하브루타는 좋은 대학 들어가기 위한 **'공부법'이 아니라**, 생각과 의견을 나누며 함께 여호와 하나님의 뜻을 찾으며, 인생의 의문들을 해결해 가는 **'우정'이다**. 하브루타를 함께하는 '하베르(친구, 하브루타 짝)는 나이와 크게 상관이 없다. 어렸을 때는 부모가 아이들의 하베르이고, 자라면서 학교에서 선생님과 친구들이 그들의 하베르이고, 회당에서 만나는 랍비들과 친구들이 하베르이다. 어디서나 자연스럽게 하브루타를 하는 과정에서 좋은 성적과 좋은 대학과 연봉 높은 직업은 부수적으로 따라오는 것이다.

<u>정통적 의미에서 하브루타란 두 명 이상의 하베르(חבר : 친구, 토론의 짝)와 '리쉬마 정신'을 기반으로 토라와 탈무드를 가지고 질문과 토론과 논쟁을 통해 함께 공부하는 관계이자 학습 방법이자 문화이자 삶이다.</u>
 정통 유대인들은 토라와 탈무드를 기본으로 하브루타를 하지만, 인문 고전 책들이나 영화, 그림, 음악 등등 그 텍스트의 영역을 확장할 수 있다.

<u>일반 토론과 하브루타의 다른 점은 그 목적이 승패에 있지 않고, 토라와 탈무드 연구를 통해 여호와 하나님의 뜻을 어떻게 이루어 갈 것인지 토론하고, 미완성인 세상(올람)을 고치고(티쿤) 발전시켜 나가는 '티쿤 올람'이라는 점이다.</u>
 하브루타 독서는 '나는 왜 사는가?', '어떻게 살아야 하

나?'라는 인생의 질문을 짝과 함께 토론 가운데 찾아가는 것이다. 그러기에 하브루타는 정답이 정해져 있지 않고, 여러 가지 답이 있을 수 있다. 여러 가지 관점을 이해하고 융합하면서 더 나은 아이디어를 생가하고, 나만의 답들을 찾아가는 것이다.

하브루타 실습 6> 짝과 하브루타 정신에 관해 번갈아 설명 해요.

하브루타 질문	하브루타 해답의 예
Q) 바르 미쯔바란?	율법의 아들, 선택받은 백성으로서 여호와 하나님이 주신 율법을 지킴
Q) 어떻게 하나님의 백성으로서 거룩한 삶을 가르칠까요?	
Q) 티쿤 올람이란?	세상을 고친다. 선택받은 백성으로서 세상을 살기 좋게 고칠 책임과 의무
Q) 나는 어떤 부분에서 세상에 선한 영향력을 끼칠까요?	
Q) 쩨다카란?	정의, 올바름. 가난하고 어려운 사람을 돌보는 것은 당연하고 올바른 일
Q) 내가 실천할 수 있는 쩨다카는 무엇일까요?	
Q) 후츠파란?	뻔뻔함, 담대함, 저돌성, 무례함. 끊임없이 질문하고 도전하는 정신
Q) 도전하지 못하게 나를 망설이게 하는 것이 무엇인가요?	
Q) 로쉬 가돌이란?	큰 머리, 큰 지도자. 지시 따르지만, 자신 판단 더하여 효과적으로 실행
Q) 로쉬 가돌의 경험이 있으면 나누어 보아요.	
Q) 리쉬마란?	본질을 추구하는 정신. 논쟁을 통해 비본질을 잘라내고 버릴 것과 취함
Q) 우리가 추구해야 할 본질은 무엇일까요?	

3장
유대인들은 하브루타를 어떻게 하나?

유대인을 세계의 인재로 만든 하브루타, **유대인은 어디에서 하브루타를 시작할까? 그 시작은 바로 '가정'이다.** 유대인은 어렸을 때 가정에서부터 자연스럽게 하브루타를 실천한다.

태담

유대인 부모는 엄마가 임신했을 때부터 아이를 한 인격체로 존중하며 **태담**을 들려준다. 임신 6개월에 아이의 뇌가 완성되고, 생각하며 활동을 시작한다. 유대인 부모는 아이가 태아일 때부터 토라를 읽어 주고, 이야기를 들려준다. 또, 유대인 부모는 이때 아이들이 '나는 왜 이렇게 조그만데 있어야 할까요?',

'여기서 왜 나가야 할까요?'라는 의문을 가지고 있다고 생각하고, 아이에게 태담으로 말해준다.

"사람이 이 세상에 나오는 목적은 ①하나님을 예배하기 위해, ②토라를 공부하기 위해, ③선행을 행하기 위해서란다."

이렇게 어린 시절부터 자신이 어디서 왔고, 왜 왔는지 분명히 알고, 축복 가운데 태어난 것을 인지한 아이는 자신의 존재에 대한 정체성으로 고민하는 사춘기도 무난히 지나간다.

밥상머리 교육

유대인은 가족이 함께 식사하는 것을 아주 중요하게 생각한다. 유대인 아이는 어렸을 때부터 **밥상머리 교육**으로 식사 시간 부모와 일상의 질문과 답을 통해 지혜를 배운다. 아버지들은 자녀 교육을 하나님이 자신들에게 주신 사명으로 생각하고, 일찍 퇴근하여 저녁은 온 가족이 같이 식사하는 것을 중요하게 생각한다.

특히, 금요일 해질 때부터 토요일 해지기 전까지는 유대인 가정에서 거룩하게 지키는 안식일이다. 안식일은 여호와 하나님이 일주일에 한 번 온 가족과 가축들이 쉬라고 정해 주신 날이다. 이날 유대인들은 다른 일을 하지 않고, 오직 여호와 하나님을 예배하고, 함께 식사하며, 말씀을 나누며, 여호와 하나님 안에서 안식한다.

매주 들여지는 안식일 식탁 예배는 아버지가 인도한다. 초를 켜고, 일주일 동안의 죄를 씻는다는 의미로 돌아가며 손을 씻는 것으로 시작한다. 다음으로 가족들은 함께 음식을 만드시며, 가족들을 섬기시기에 수고하신 어머니에게 감사의 노래를 부른다. 어머니는 가정에서 많은 수고를 하지만, 가족들에게 '감사하다'라는 말을 듣는 것이 드물다. 안식일에 가족들이 엄마의 수고를 생각하며 감사할 때, '번성하라'라는 하나님의 명령에 순종하며 피임하지 않고 많은 자녀를 두며 수고하는 유대인 어머니들은 큰 위로를 받는다고 한다. 어머니에게 감사의 노래를 부른 뒤에는 '쩨다카' 저금통에 동전을 넣는다. 후에 모여진 동전들로 가난한 이웃을 돌보는 데 쓴다. 아이들은 스스로 동전을 저금통에 넣으며 저금통에 쨍그랑 떨어지는 동전의 소리를 들으며 어렸을 때부터 자연스럽게 나눔과 구제를 몸에 익힌다. 쩨다카 후에 가족은 같이 식사를 하며, 토라와 탈무드로 하브루타를 하고, 아빠의 축복기도로 안식일 식탁 예배는 끝난다.

유대인 아버지들은 시간적 여유가 많아서 안식일 식탁 예배를 잘 지킬까? 그렇지 않다. 유대인 아버지도 바쁘다. 하지만 그들은 자녀 양육을 하나님이 그들에게 주신 우선적인 사명으로 생각한다. 그들은 <신명기 4장 6절에서 9절>에서 '네 자녀를 부지런히 가르치라'라는 하나님의 명령을 매일 기억하고 암송하고 순종한다. 아버지는 안식일 식탁 예배를 인도하고, 아이들을 축복함으로써 가정의 지도자와 머리로, 진정한 가장으로서 살게 된다.

이스라엘은 AD 70년에 로마에 의해 파괴되고, 사실상 나라가 없어졌다. 하지만, **오랜 세월이 지나 1948년 이스라엘은 다시 한 번 독립국가로 인정되었다. 어떻게 그럴 수 있었을까?** 어떻게 세계로 흩어져서도 그들의 말과 문화를 잃어버리지 않고 나라를 회복할 수 있었을까? 안식일 식탁 예배 때문이다. 밥상머리 교육 때문이다. 이스라엘 백성은 나라와 성전을 잃어버렸지만, 하나님의 말씀에 순종하여 자녀들에게 끊임없이 하나님의 율법을 가르쳤다. 아버지들은 가정의 가장으로서의 그들의 역할에 충실했다. **그들이 성실히 안식일 식탁 예배와 밥상머리 교육을 지켰기 때문에 하나님이 그들의 민족을 지켜 주셨다.**

베드타임 스토리

유대인 아이들은 '**베드타임 스토리**'(Bed time story)를 통해

올바른 가치관을 배우고 부모의 사랑을 느끼고, 안정된 애착 관계를 형성하게 된다. 특히, 부모가 아이에게 책을 읽어 주며 아이와 책과 관련하여 질문하고 대답하며 이야기를 나누는 것은 뇌에서 언어를 관장하는 두 영역인 **베르니케 영역(말을 듣고 이해하는 감각중추)과 브로카 영역(처리된 정보를 입을 통해 표현하도록 하는 영역)을 균형 있게 발달시킨다**. 책을 읽으며 대화를 나누는 것은 아이의 '언어능력'뿐 아니라 '두뇌 발달'까지 가능하게 하는 최고의 방법이다.

또한, 유대인 부모들은 일상생활 가운데에서도 아이들에게 늘 선택과 책임을 가르치고, 쩨다카로 어려운 사람들을 돕도록 하고, 질문과 대답을 통해 배우도록 한다.

이렇게 가정에서 태아 때부터 부모에게 하브루타로 대화하며 영성과 인성과 지성을 가진 건강한 어린이로 자란 유대인 아이들은 학교와 회당에서 질문과 대답과 토론과 논쟁을 통해 더욱 지혜로운 아이로 자라 간다. 회당과 가정과 학교가 함께 아이들이 여호와를 경외하고, 나와 세상을 고친다는 타쿤 올람 정신으로 이 땅을 건강하게 세워갈 어른이 되도록 양육한다.

마따 호쉐프

유대인 아이들이 입학하면, 초등학교 선생님들이 가장 먼저 가르치는 것은 '공부하는 것이 꿀처럼 달콤하다.'이다. 책 위에 꿀을 두고, 아이들에게 찍어 먹게 하기도 하고, 케이크 위에 설탕으로 히브리어 철자를 만들어 먹게 하기도 한다. 어떤 선생님은 꿀로 아예 히브리어 22개의 알파벳을 쓴다.

<u>유대인 교사들이 제일 많이 말하는 문장은 무엇일까?</u>
"조용히 해!", "이해했니?", "다 외웠니?"가 아니라, **"마따 호쉐프(מה אתה חושב: 너의 생각은 무엇이니)?"** 이다. KBS1에서 방영된 [공부하는 인간]의 "4편 최고의 공부"를 보면, 유대인 교사는 아이들에게 끊임없이 "마따 호쉐프"를 질문하고, 아이들의 답들을 소중히 여기며 경청한다. '백 명의 유대인이 있다면, 백 개의 생각이 있다'라는 말처럼, 유대인 교사들은 자기의 생각에 매이지 않고, 아이들 각자의 의견을 소중하게 생각한다. 그들은 아이들 각자가 스스로의 독립된 의견을 논리적 근거를 세워 말할 수 있도록 지도한다.

유대인 교사들은 또한, **"여기에 대한 네 질문은 무엇이니?"** 라는 질문을 많이 한다. 학생들 스스로 호기심을 갖고 질문을 하고, 탐구하도록 격려하는 것이 교사의 역할이다.

질문 중심의 유대인 학교에서는 아이들에게 등수를 매기지 않고, 정답이 없는 문제로 토론하는 것을 즐긴다. 아이들은 가정과 학교와 회당에서 일관된 하브루타 교육을 받으며 더욱 지혜롭게 자란다. **이렇게 아이들 마음속에 새겨진 지혜와 사랑과 올바른 애착은 그들이 더 넓은 세상에서 용감하게 도전하게 하고, 실패하더라도 다시 일어날 힘이 된다.**

하브루타 실습 7> 유대인의 가정교육에 대해 하브루타 해 보자.

하브루타 질문들
Q) 유대인 엄마들은 태담으로 아이에게 "사람이 이 세상에 나오는 목적은 ①하나님을 예배하기 위해, ②토라를 공부하기 위해, ③선행을 행하기 위해서란다." 라고 말합니다. 아이에게 인생에 대해 어떤 말을 들려주면 좋을까요?
Q) 유대인 가족은 함께 식사하는 것을 중요하게 생각하고 밥상머리 교육을 실천한다. 　우리 가족은 일주일 중 언제 함께 식사하며 토의를 하는 것이 좋을까요? 어떤 주제로 토의하는 것이 좋을까요?
Q) 유대인 가족은 베드타임 스토리를 통해 아이들에게 안정감과 지혜를 물려줍니다. 　나는 어떤 책으로 베드타임 스토리를 하면 좋을까요?

4장
질문은 왜 그리고 어떻게 만들까?
왜 질문을 해야 할까?

하브루타의 핵심은 서로 다른 두 사람의 생각과 지식을 연결해 '관계'를 만들고, 발전시키는 '대화'이다. 그리고 이러한 대화를 가능하게 하는 것이 '적절한 질문들'이다. 질문은 성공하는 리더의 '필수 덕목'이다. 질문하는 능력, 질문하는 분위기를 만드는 리더, 질문할 기회를 놓치지 않는 리더가 성공하는 리더이다. 질문이 왜 이렇게 중요할까? 우리는 왜 질문을 해야 할까?

왜 질문을 해야 할까?

첫째, 질문을 하면 생각하게 된다.
질문은 질문을 하는 사람이나 받는 사람의 생각을 자극하고 사고력을 키워준다. 질문은 대화와 생각의 '네비게이션'이다. 질문을 통해 생각과 대화의 방향이 결정되기 때문이다.

"아빠, 왜 사진은 찍고 난 뒤에 바로 볼 수 없는 거죠?"

에드윈 헐버트 랜드(Edwin Herbert Land)는 그의 딸의 질문에 생각하기 시작했고, 1943년에 폴라로이드 랜드 카메라를 발명했다.

"어떻게 하면 찬송가 악보를 빨리 찾을 수 있을까?"라고 질문했던 아서 프라이(Arthur Fry)는 포스트잇 메모지를 발명했다. 교회 성가대에서 찬양을 부르던 아서 프라이는 불러야 할 찬양들을 쉽게 찾고 싶어 어떻게 할지를 스스로에게 질문했고, 그 질문을 통해 포스트잇을 발명했다.

질문을 주고받으며 새로운 관점으로 바라보게 되고, 사고를 확장할 수 있고, 문제 해결력이나 통찰력을 기를 수 있다.

둘째, 질문을 하면 답을 얻는다.

사람마다 생각하는 것이 다르므로, 질문을 통해 정확하고 바른 정보를 아는 것이 필요하다. "그 말은 무슨 뜻입니까?", "특별히 어떤 것을 생각하고 있습니까?", "예를 들어 주시겠습니까?"와 같이 구체적으로 질문하면 구체적인 답을 얻을 수 있다.

우리 교회는 사무실을 임대해서 예배드리고 있다. 주인이 나가길 원해서 예배드릴 수 있는 다른 장소를 찾아야 한다. 교인이 많지 않지만, 걷기 힘든 장애인이 있어서 엘리베이터가 꼭 있어야 한다. 어느 날 남편에게 한 부동산 공인중개사가 전화해서 교회로서 좋은 사무실이 나왔다고 말했다. 그는 그 사무실의 건물주가 교회로 사용도 허가했고, 지리적으로 어떻고, 예배실로 어떻고 여러 가지로 설명했다. 그때 남편이 두 가지 질문을 했다.

남편 : "몇 층입니까?"
공인중개사 : "2층입니다."
남편 : "엘리베이터가 있습니까?"
공인중개사 : "아니요"
남편 : "그럼 안 되겠네요. 우린 엘리베이터가 있어야 합니다."

　공인중개사가 여러 가지를 말했지만, 남편에게 필요한 정보는 딱 두 가지였다. 필요한 답을 얻기 위해서는 구체적으로 질문해야 한다.

셋째, 질문을 하면 마음을 다스릴 수 있다.
　행복한 삶, 행복한 가정이 되기 위해서는 마음을 다스릴 수 있어야 한다. 정제되지 않은 감정의 폭발과 비난이 쏟아진다면, 누구든 집에 있고 싶지 않을 것이다. 적절한 질문은 마음속에 분노나 염려를 다스릴 수 있다.

마음속에 분노가 일어날 때, 다음의 질문이 도움 된다.

"이 상황이 정말 내가 화를 낼 만한 가치가 있는 것인가?"
"무엇이 나를 화나게 하지?"
"어떻게 해야 관계를 망치지 않고 문제를 해결할까?"

스스로 질문하다 보면, 흥분한 감정을 다스리며, 이성적인 사고로 상황을 바라볼 수 있게 되고 통제할 수 있게 된다.

해야 할 일은 많지만, 시간 관리를 못 해 걱정만 될 때는 다음 질문이 도움이 된다.

"올해 내가 해야 할 한 가지 일은 뭘까?"
"이번 달에 내가 해야 할 일은 뭐지?"
"오늘 나의 우선순위가 뭐지?"

질문하며 우선순위에 집중하면, 더이상 걱정하지 않고 나의 상황을 통제하며 일할 수 있게 된다.

갑자기 숙제하기 싫다는 아이에게 어떻게 질문하면 좋을까?

"너는 숙제를 잘했는데, 이 숙제는 싫은 이유가 뭐니?"
"어떤 점이 힘드니?"
"어떤 문제인지 같이 읽고, 생각해 보면 도움이 되겠니?"

행복한 가정이 되기 위해서는 마음에 '존중'이라는 필터를 하나씩 깔아야 한다. 아이들의 문제를 투정이나 게으름으로 단정 짓기 전에 엄마가 먼저 존중하는 마음으로 적절한 질문을 한다면, 아이들이 자신의 문제를 스스로 깨닫고 생각과 마음을 다스리게 된다.

넷째, 질문은 마음을 열게 한다.

　엘리베이터에서 이웃끼리 어색하게 서 있다가도 관심 어린 따뜻한 질문 하나에 마음이 열리는 것을 자주 본다. 대부분 사람은 자신의 관심 분야나 좋아하는 것에 대해 말하고 싶어한다. 상대의 관심 분야에 대해 질문함으로 그들의 마음을 열 수 있다. 단 질문을 했으면 상대의 대답을 경청해야 한다. 질문하고 경청하지 않는 것은 상대방에게 무시당하는 느낌을 주게 되고, 상대방은 더이상 말하기 싫어지고, 마음의 문을 닫게 한다. 상대의 말과 감정에 귀를 기울이며, 어느 부분에서 강조하는지도 주의 깊게 듣자.

다섯째, 질문은 스스로 생각하도록 돕는다.

　누군가를 설득하는 최고의 방법은 질문을 통해 스스로 자신을 설득하게 하는 것이다. 다른 사람의 강요로 사람이 바뀌기는 쉽지 않다. 엄마들이 잔소리해도 아이들이 변하지 않는 것이 그 때문이다. 사람은 스스로 발견하고 배우고 경험한 것을 통해 깨달은 것을 가장 잘 기억하고 실천하게 된다. 질문을 사용하여 스스로나 다른 사람들을 설득하면 자기 자신이나 다른 사람의 생활을 변화시킬 수 있다.

　"네가 전화한다고 약속하고 안 하면 어떻게 될까?"
　"어떻게 해야 이런 일이 다시 일어나지 않을까?"

"이렇게 늦게 자면 내일 아침에는 어떻게 될까?"

변화시키고 싶은 사람이 있다면, 스스로 돌아보게 하는 질문을 던지자. 나에게부터.

"네 생각은 어떠니?", "네 마음은 어떠니?" 상대의 생각과 마음을 질문하고, 어떤 질문을 하더라도 무시하거나 비난하지 않고 존중하는 마음으로 용납하고, 눈과 귀와 마음으로 경청하여 듣는다면 함께 있어 행복한 가족이 될 것이다.

아이와 대화할 때, 때로는 답답하고 인내가 필요하다. 하지만, 절대로 '그것도 모르니?' 무시하지 말고 부드럽게 대해 주어야 한다. 김금선 작가의 말처럼 '10공 100행'(10년 공들이고 100년 행복)이기 때문이다. 반대로 부모가 10년을 참아내지 못하면 100년을 불행하게 된다. 자녀들은 생각보다 금방 큰다. 어느 순간 부모가 답답한 질문 하면 아이들은 자기 부모들이 자기들에게 한 것처럼 "그것도 모르세요?" 하며 무시한다. 심는 대로 거두는 것이 인생의 이치이다.

왜 질문하지 않을까?

질문 하면 사고력과 창의력이 자라고, 정보를 얻을 수 있고,

마음을 다스릴 수 있고, 사람의 마음을 열게 할 수도 있고, 놀라운 깨달음을 얻을 수도 있는데, 왜 질문을 하지 않을까?

아이가 말을 시작하고 세상에 대한 호기심이 가득한 유아기 때와 초등 저학년 때까지는 반짝반짝 빛나는 눈으로 쉴 새 없이 질문해댄다. 어린아이에게 질문 하지 말라는 것은 숨을 쉬지 말라는 것과 같다고 한다. 호기심과 질문은 이 세상을 공부하고 알아가고 발전시켜가는 사람의 본능이다. 하지만, 어린 시절 종알종알 질문 하던 아이들도 어느 순간 입을 닫아 버리고, 집에 오자마자 방문을 닫고 들어가 버린다. 왜 그럴까? 왜 입을 닫아 버릴까? 왜 질문하지 않을까?

첫 번째로 오랫동안 질문하지 말고 듣기만 하라고 해서 질문을 하지 않는 것이 새로운 습관이 되어버렸기 때문이다. 부모나 교사가 말할 때 질문하면 오히려 버릇없다는 질책을 받기도 한다. 이렇게 질문하는 것을 반기지 않는 가정이나 사회에서 질문했다가 비난받은 경험은 더 이상 질문하지 않는 사람으로 만든다.

두 번째로 나의 무식함이 탄로 날까 봐 질문하지 않는다. 가만히 있으면 반이라도 간다고 생각하기 때문이다. 하지만 질문하지 않으면 아무런 배움도 일어나지 않는다. 한근태 작가는 '아랫사람에게 묻는 것을 부끄러워하지 말라'는 '불치하문(不恥

下問)'에서 더 나아가 '수치불문(羞恥不問)'이라고 한다. 모르면서 묻지 않는 것이 정말 부끄러워하라는 것이다. 질문해야 한다. 질문해야 새로운 것을 알게 되고 성장한다.

세 번째로 다 안다고 착각하고 질문을 하지 않는다. 사실 우리가 모르는 것을 익숙해져서 안다고 착각하는 경우가 많다. 텔레비전을 알지만, 방송국에서 보낸 영상과 음성을 우리가 어떻게 집에서 볼 수 있는지, 텔레비전의 내부는 어떤지, 텔레비전에 역사는 어떤지, 종류는 무엇인지 모르는 것이 훨씬 많다. 핸드폰을 매일 들고 다니지만, 핸드폰이 어떻게 만들어지고, 어떤 기능이 어떻게 작용하는지 잘 모른다. 아니, 사실 우리는 우리 자신의 몸이나 마음에 대해서도 잘 모른다. 소화 기능이 어떻게 되는지, 심폐 기능은 어떻게 되는지, 왜 나는 화가 나는지 모르는 것투성이다.

익숙한 것들을 새롭게 보는 눈으로 호기심을 가지고 들여다보면, 질문이 생기고, 질문하면, 새로운 배움과 성장이 일어난다. 엄마가 먼저 익숙한 것들에 질문을 던진다면, 아이들도 다시 덮어두었던 호기심 단지를 열 것이다. 아이들이 그들의 주위를 다시 들여다보기 시작한다면, 궁금한 것을 알기 위해 질문하며 자기 주도 학습을 할 것이다. 우리가 아이들에게 주고 싶은 것들이다. 자기 주도 학습과 배움의 기쁨.

하브루타 실습 8 > 질문에 관해 하브루타 해요.

하브루타 질문	하브루타 해답
Q) 왜 질문을 해야 하나요?	1) 질문을 하면 ㅅㄱ 하게 된다. 2) 질문을 하면 ㅈㅂ 를 얻는다. 3) 질문을 하면 ㅁㅇ 을 다스릴 수 있다. 4) 질문은 마음을 ㅇㄱ 한다. 5) 질문에 답하면 스스로 ㅅㄷ 된다.

Q) 질문해야 하는 이유 중 어떤 것이 가장 마음에 와닿나요? 이유는 무엇인가요?

Q) 질문을 잘 했다고 느껴 본 적은 언제인가요?

Q) 왜 질문을 하지 않을까요?	1) 질문하지 않는 것이 ㅅㄱ 이 되어 질문하지 않는다. 2) ㅁㅅ 함이 탄로 날까 봐 질문하지 않는다. 3) 다 ㅇ 다고 ㅊㄱ 하고 질문하지 않는다.

Q) 질문하지 않는 이유 중 어떤 것이 가장 마음에 와닿나요? 이유는 무엇인가요?

Q) 질문하지 않아 후회한 적이 있나요? 질문 했다면 어떻게 되었을까요?

어떻게 아이에게 질문하는 능력을 키워줄까?

1. <u>자유롭게 질문할 수 있는 분위기를 만들어 준다.</u>

가장 중요한 것은 마음껏 질문할 수 있는 편안하고 자유로운 분위기이다. 가정에서 부모가 먼저 아이들의 질문을 긍정적으로 생각하고 경청하며 함께 생각하며 대답하거나 다시 질문하며 대화를 이어 나간다면 아이들이 계속해서 자유롭게 질문을 할 수 있을 것이다. 주입식으로 아이들에게 지식을 집어넣을 것이 아니라, 엉뚱해 보이더라도 궁금한 것들을 마음껏 질문할 수 있도록 해야 한다.

발명왕 에디슨이 "찰흙 한 덩이에 찰흙 한 덩이를 더하면 여전히 한 덩이이므로 1+1=1일 수도 있다"라고 질문해서 선생님이 말문이 막혔다고 한다. 빅토르 위고가 "콜럼버스의 가장 위대한 업적은 비상식적인 질문을 했다는 점이다."라고 말했다. 위대한 질문에서 위대한 업적이 나온다. 때론 상식에 맞지 않아 보여도 어떤 질문도 수용하는 분위기가 필요하다. 부모나 선생님이 모든 해답을 가르쳐 줄 수 없더라도 질문하는 것을 혼내지 않고 긍정해 주면 아이들은 스스로 질문을 통해 생각이 쑥쑥 자란다.

가정이나 회사나 다른 조직의 회의에서도 일방적으로 정보를 전달하기보다 회의 주제에 관한 질문들을 제기하게 하고 함께 생각하는 것이 좋다. 가족들이나 직원들이나 조직 구성원들의 질문에 대하여 "좋은 질문입니다. 도움이 되는 대답을 생각해 보죠"라고 긍정적으로 생각하며 함께 대답을 찾아가면 보다 생산적이고 창의적인 아이디어를 얻을 수 있다.

2. 질문하는 삶의 모범을 보여 준다.

 질문하는 부모를 보면 아이도 질문한다. 아이들의 말에 경청하며, "왜 그렇게 생각했니?" 아이에게 질문하라. 아직 질문받는 것이 어색한 아이도 구체적으로 질문을 하면 보다 쉽게 답을 할 수 있다. 학교에 다녀온 아이에게 "학교에서 어떻게 보냈니?" 보다 "학교에서 오늘 재미있는 일이 있었니?", "학교에서 힘든 일이 있었니?"라는 구체적 질문이 좋다.

 일상생활을 중에도 아이 스스로 선택할 수 있게 질문하자.
 "엄마와 몇 시에 책을 읽을까? 8시? 8시 30분?",
 "아침으로 무엇을 먹을래? 사과? 빵? 밥?"
 "설거지할래? 쓰레기를 버릴래?"
 아이 자신이 선택한 것이기 때문에 주도성을 갖고 자발적으로 한다.

잠자기 전 함께 책을 읽으며 질문하자. 잠자기 전 하브루타를 통해 아이가 하루 동안의 이야기도 말할 수 있고, 부모의 사랑 안에 안정감을 느끼며 편히 잘 수 있다. 아이와 함께 책을 읽으며 생각과 상상력을 키울 적절한 질문을 던져보자. 책의 표지를 보고 "어떤 이야기일까?"라고 질문할 수 있고, 책을 읽으며 "다음에는 어떤 일이 일어날까?", "이 이야기는 어떻게 끝날까?", "왜 그렇게 생각하니?" 질문할 수 있다. 책을 다 읽으면, "책을 읽으니 어떤 생각이 들어?", "만일 00(등장인물)이라면 어떻게 했을까?", "너도 이렇게 생각한 적이 있었니?", "비슷한 경험을 한 적이 있었니?" 등 상황에 맞게 적절한 질문을 던져보자.

부모가 평상시 자신과 하브루타를 많이 하는 것이 좋다. 자신과의 하브루타는 스스로 깊이 성찰하게 하고, 인생을 보다 가치 있고, 의미 있게 살도록 돕는다. 빛과 같은 속도로 운동한다면 세상이 어떻게 보일까?"라는 질문을 했던 아인슈타인은 상대성 이론을 발견했고, "우리는 왜 이 제품을 만드는가?"라고 질문했던 스티븐잡스는 자신이 꿈꾸던 세상을 만들어 갔다.

우리도 스스로에게 질문해 보자.

"내가 진정으로 원하는 것은 무엇인가?"

"나는 지금 내가 원하는 대로 살고 있나?"

"지금 나는 행복한가? 지금 난 만족한 삶을 살고 있는가?"

"나는 최선을 다하고 있나?"

"나의 직업의 본질은 무엇인가? 나는 충실한가?"

"말다툼을 이기는 것이 친구를 잃어버리는 것보다 중요할까?"

"이 다툼을 계속할 가치가 있는가?"

"그렇게 해서 원하는 결과를 얻는다면 그것을 위해 시간과 노력과 비용을 들일 만한 가치가 있나?"

"00을 하지 않으면 나는 어떤 후회를 하게 될까?"

"나는 무엇을 하고 싶은가?"

"남은 평생 어디에서 살고 싶은가?"

"나의 인생에 꼭 이루고 싶은 목표는 무엇인가?"

"5년 안에 내가 이루고 싶은 꿈은 무엇인가?"

질문하면 삶의 변화가 일어나 일어나기 시작한다. 그 변화는 점점 커져서 마침내 우리를 꿈꾸던 미래로 인도한다.

지난 6월 벌써 일 년의 반이 되었을 때, 나도 스스로에게 질문을 했다. "내가 올해 이루고 싶은 것 딱 한 가지는 뭐지?" 나는 대답했다. "엄마들이 읽고 어떻게 하브루타로 자녀 양육을 할 수 있을지 가이드 해 줄 수 있는 책을 쓰고 싶다."

그 전에도 후에도 나는 계속 바빴고, 아프기도 했다. 하지만 내게 대답했던, 올해 해야 하는 그 딱 한 가지 책을 쓰겠다는 생각은 항상 잊지 않았고, 지금도 쓰고 있고, 올해 안에 마침내

출판할 것이다.

"올해 당신이 이루고 싶은 딱 한 가지는 무엇인가요?"

3. 질문 놀이를 한다.

자유롭게 질문할 수 있는 분위기에서 질문의 모범이 되는 부모와 산다면 질문하는 아이들로 자라지 않을 수 없다. 그러나 그렇지 못한 환경에서 자라서 이미 질문을 잃어버린 아이들은 어떻게 다시 질문하게 할까? '놀이'이다. 아이들은 놀이를 좋아한다. 공부 시간에 졸던 아이들도 쉬는 시간에는 언제 그랬냐는 듯 반짝반짝 눈을 빛내며 친구들과 재미있게 논다. 아이가 좋아하는 놀이를 통해 질문을 만들어 가다 보면 차츰차츰 자연스러운 상황에서도 질문하는 아이가 된다.

언제 어디서나 손쉽게 할 수 있는 질문 놀이로는 **"까바놀이"**, **"왜까 왜냐하면"**, **"질문 만들기 놀이"**, **"꼬질꼬질 놀이"**가 있다.

"까바놀이가 무엇일까?" 아이에게 설명해 주기보다 질문을 통해 추측해 보도록 하여 호기심과 관심을 유발해 보자. '까바놀이'란 '까로 바꾸는 놀이'로 상대방이 하는 말을 그대로 받아 문장 맨 끝 단어만 '~까?'로 바꾸는 놀이이다.

"엄마가 요리합니다."→ "엄마가 요리합니까?"
"아빠가 청소합니다."→ "아빠가 청소합니까?"

제한 시간 1분 안에 시간에 따른 주제(아침 시간, 점심시간, 어제 있었던 일, 주말에 있었던 일, 현장학습)나 장소에 따른 주제(거실, 안방)나 그림을 보고 두 사람이 '까바놀이'를 하며 질문을 하게 한다. 이때 어깨를 으쓱하며 들어 올리며 "~까"라 질문하면 아이들의 집중도가 더 높아진다.

인류의 지혜가 담겨 있는 명언들이나 속담들로 까바 놀이를 하면 놀이가 인문학이 된다.

"시간이 금이다." → "시간이 금일까?"
"작은 고추가 맵다."→ "작은 고추가 매울까?"
"개천에서 용 난다."→ "개천에서 용이 날까?"
"소 잃고 외양간 고친다."→"소 잃고 외양간 고칠까?"
"바늘 도둑 소도둑 된다."→"바늘 도둑 소도둑 될까?"
"가는 말이 고와야 오는 말이 곱다."
　→"가는 말이 고우면 오는 말이 고울까?"
책을 읽을 때도 목차들을 "~까?"로 바꾸어 읽으면, 작가가 말하고자 하는 메시지가 명확하게 와닿는다.

'까바놀이'를 통해 다른 사람의 말을 잘 듣게 되고, 기다리는 것을 훈련하게 된다. 또한, 상대방이 하는 말을 통해 문장 표현을 배우게 되고, 공감하는 법을 배우게 되고, 익숙하던 것들에 대해 호기심을 가지고 새로운 눈으로 보게 된다.

"왜까 왜냐하면 놀이는 무엇일까?" '~까?'로 바꿨던 질문을 '왜 ~까?'로 바꾸는 것이다. 그러면 상대방이 '왜냐하면~'로 대답하면 된다.

"엄마가 요리합니다."→ "왜 엄마가 요리합니까?"
"왜냐하면, 우리에게 맛있는 음식을 주기 위해서입니다."
"아빠가 청소합니다."→ "왜 아빠가 청소합니까?"
"왜냐하면, 우리가 깨끗한 환경에서 살게 하려고요."

속담들로도 "왜까 왜냐하면 놀이"를 할 수 있다.

"시간이 금이다."→ "왜 시간이 금일까?"
"왜냐하면, 시간을 잘 사용함으로 돈도 벌고, 꿈도 이루기 때문입니다."
"작은 고추가 맵다."→ "왜 작은 고추가 매울까?"

"왜냐하면, 작은 고추는 캡사이신 함량이 높아 더 매운 맛을 내기 때문입니다."
"개천에서 용 난다."→"왜 개천에서 용이 날까?"
"왜냐하면, 어려운 환경에서도 열심히 하면 성공할 수 있기 때문입니다."
"소 잃고 외양간 고친다."→"왜 소 잃고 외양간 고칠까?"
"왜냐하면, 다시 소를 잃지 않기 위해서입니다."
"바늘 도둑 소도둑 된다."→"왜 바늘 도둑 소도둑 될까?"
"왜냐하면, 습관이 되기 때문입니다."
"가는 말이 고와야 오는 말이 곱다."
→"왜 가는 말이 고우면 오는 말이 고울까?"
"왜냐하면, 고운 말을 들으면 마음이 고와지기 때문입니다."

'왜까 왜냐하면'놀이는 아이가 평소에 무심히 지나쳤던 것을 생각해 다시 생각해 보게 하고, 근거를 대어 논리적으로 말하는 법을 배우게 된다.

"질문 만들기 놀이는 무엇일까?"'가족, 사람, 친구, 시간, 운동, 공부, 우정…'과 같은 특정 키워드에 관한 질문들만을 번갈아 가며 하는 놀이이다. 이때 질문에 답은 하지 않고 계속 질문만 번갈아 한다. 부모는 아이가 어떤 질문을 하더라도 무시하지 않고, 격려하며 계속 질문 할 수 있도록 같이 질문하며 도울 수 있다.

"시간에 대한 질문 만들기 놀이를 해 보자."
"시간이 뭘까?"
"언제 시간이 빨리 가지?"
"언제 시간이 늦게 가지?"
"왜 약속 시간을 잘 지켜야 하지?"
"왜 나라마다 시간이 다르지?"
"왜 시간을 금이라고 하지?"
"시간은 어떻게 시작했을까?"
"왜 시간은 뒤로 가지 않지?"
"시간이 뒤로 가면 어떻게 될까?"
"우주에도 시간이 있을까?"

더이상 질문이 없으면 질문에 대한 답을 같이 생각해 볼 수 있고, 다른 키워드로 또 계속 질문을 만들면 된다. 직접적인 답을 하지 않고, 질문만 하더라도 당연히 생각했던 것들을 호기심을 갖고 보게 되고 생각하는 뇌가 된다. 이후 아이는 자발적으로 찾아 공부하게 되고, 다른 것들에 대해서도 호기심을 가지고 질문하게 된다.

"**꼬꼬질 놀이 무엇일까?**" 질문을 하고 대답을 하면, 그 내용 중 궁금한 점을 다시 질문하여 '꼬리에 꼬리를 물고 질문하고 답을 하는 놀이'이다. 이때, '**네 생각은 어때?**', '**왜 그렇게 생각해?**'라는 문구를 넣어 인터뷰 형식으로 자연스럽게 대화를 이어가면 더 깊이 있고 재밌는 질문 놀이가 된다. 아이가 어떤 대답을 하더라도 비난이나 핀잔을 주지 않고, '너는 그렇게 생각하는구나, 좋은 생각이다.', '창의적이다'라고 용납하는 것이 중요하다.

다음 내용은 아들 태은이와 '행복'에 관해 '꼬리에 꼬리를 무는 질문과 답'을 한 내용 중 일부이다.

🙂 진정한 행복이란 무엇일까?
🙂 살아있는 거 자체가 행복이죠. 아프리카 사람들 보면 내전과 가난 속에 살아남아 있는 것만으로도 행복하다고 해요. 우리는 한국에 살아있으니 더 행복한 거죠.
🙂 왜 한국에 사는 것이 더 행복한 거지?
🙂 한국에서는 먹을 것이 없어서 죽는 일은 없죠. 노숙자들도 옷 수거함에서 옷을 찾아 입을 수 있고, 밥 주는 단체들이 있어요. 기초수급정책도 잘 되어 있고.
🙂 우리나라가 살기 좋은 곳이라는 말이지.
🙂 '진정한' 행복을 묻는 것 자체가 잘 먹고, 잘 살고 행복하니까 '진정한'을 찾는 거예요.

🙂 행복한 데, 행복한지 모르는 것이 불행이네.

🙂 이미 행복한데, 욕심 때문에 또 다른 행복이라는 환상을 만들어 놓고 그걸 쫓아가는 거죠.

🙂 지금 있는 것에 감사하지 못해서 불행한 거네.

🙂 맞아요. 성공은 내가 원하는 것을 가지는 거고, 행복은 내가 가지고 있는 것을 원하는 거예요. 자기가 가진 것을 원하면 행복해하고 살 수 있는데, 허상을 좇고 사니 행복하지 못하죠. 그 허상이 자기에게서 나오면 그나마 다행인데, 그런 허상들은 대부분 인스타그램이나 페이스북으로부터 온 거라 문제죠. '진정한 행복이 무엇일까?'라고 질문하기보다, '나는 왜 행복을 느끼지 못할까?'라고 질문해야 한다고 생각해요.

🙂 좋은 생각이네. '진정한 행복이 무엇일까?'라고 질문하기보다, '나는 왜 행복을 느끼지 못할까?'라고 질문하는 거.
어떻게 행복을 느낄 수 있을까?

🙂 운동만큼 좋은 것이 없다고 생각해요. 운동하면 피가 잘 돌고, 마음이 상쾌해져서 우울한 생각이 없어지죠.

🙂 허상을 좇지 않고, 내게 있는 것에 감사하고, 운동하면 행복하겠네.

🙂 네, 그러기 위해 다른 사람과 비교해서는 안 되고.

아이와 하브루타를 계속하다 보면, 어느 순간 엄마가 아이를 통해 배우는 것이 더 많아진다. 꼬리에 꼬리를 무는 질문을 통해 원래 알고 있다고 생각했던 것들의 의미도 더 구체적이고 깊이 있고 논리적으로 다시 생각하게 된다.

질문 놀이를 잘하고 못하는 것보다 중요한 것은 **아이가 질문 만드는 것을 즐거워하고 친숙해지는 것**이다. 질문 놀이를 통해 아이는 상대방의 의견을 듣는 법을 배우고, 듣고 그 의견을 분석하여 더 깊이 있는 질문을 만드는 법을 배우게 된다.

4. 질문의 종류를 가르쳐 준다.

질문의 종류와 구체적인 예를 가르쳐 주면, 질문을 만드는 데 도움이 된다. 질문은 그 기준에 따라 여러 가지 유형으로 나눌 수 있지만, 여기서는 두 가지만 소개하겠다.

먼저, 질문을 크게 **사실적 질문, 사색적 질문, 평가적 질문, 해석적 질문 또는 적용 질문으로** 나누는 방법이다. 프랜시스 호지슨 버넷의 [비밀의 화원]의 예로 이를 설명해 보겠다. [비밀의 화원]은 인도에서 지냈던 영국 소녀 '메리'가 부모의 죽음 이후 영국 요크셔의 귀족인 고모부 크레이븐 경의 집에 와서 살게 된 내용이다. 고모부에게는 콜린이라는 아들이 있었는데, 죽은 아내와 닮아 괴로워서 볼 수 없다며 보지도 않았다. 콜린은 자신도 곧 죽을 거라고 방에서만 살며 괴로울 때마다 소리를 질렀다. 메리와 콜린은 비밀의 정원에서 자연을 잘 아는 건강한 아이 디콘과 놀면서 마음도 몸도 건강해진다.

　사실적 질문은 텍스트에 답이 나와 있고, 정답이 하나인 질문으로 보통 인물, 사건, 배경과 관련한 것이다. 예를 들어 '비밀의 화원의 배경은 언제, 어디인가요?', '비밀의 화원의 주인공은 누구인가요?'라고 질문할 수 있다.
　사색적 질문은 텍스트에 답이 없고, 생각과 상상을 통해 사고력과 창의력을 높이는 질문이다. 예를 들어 '비밀의 화원에서 메리가 모든 가족과 종들이 죽었다는 말을 들었을 때 마음이 어땠을까요?', '내가 만약 메리라면 소리 지르는 콜린에게 어떻게 말했을까요?'라고 질문할 수 있다.
　평가적 질문은 옳고 그름을 판단하고 찬성과 반대의 토론이 나오는 질문이다. 예를 들어 '메리의 엄마가 메리를 하녀에게 맡겨 놓고 돌보지 않은 것은 옳은 일이었을까요?', '콜린의 아빠가 죽은 아내가 생각난다고 콜린을 보려 하지 않은 것은 옳은 일일까요?'라고 질문할 수 있다.
　해석적 질문은 텍스트에서 해답을 2개 이상 찾을 수 있는 물음으로 주제 이해를 위한 질문이다. 하브루타 하기에 가장 좋은 질문이다. 예를 들어 '메리가 비밀의 화원에서 놀면서 건강해진 이유는 무엇일까요?'라고 질문할 수 있다.

질문을 만들기 어려울 때는 이렇게 **사실적 질문, 사색적 질문, 평가적 질문, 해석적 질문 또는 적용질문**을 생각하며 질문하면 좀 더 쉽게 접근할 수 있다. 더 간단히 **사실 질문, 상상(심화) 질문, 적용(해석) 질문으로 나누기도 한다.**

더 깊이 있는 질문을 만들기 원한다면, '**생각 나누기 좋은 질문의 유형**'별로 질문을 만들면 된다. [독서 하브루타]를 쓴 황순희 교수는 **느낌을 묻는 질문, 유추하는 질문, 비교하는 질문, 가정하는 질문, 상대의 의견을 묻는 질문, 적용하는 질문, 논쟁을 위한 질문, 분석적이고 탐구적인 질문, 대안을 찾는 질문, 종합적인 질문**으로 질문을 세분화했다.

유리 슐레비츠의 [내가 만난 꿈의 지도]로 '생각 나누기 좋은 질문의 유형'별 질문을 만들기를 연습해 보자. [내가 만난 꿈의 지도]는 유레 슐레비츠가 어릴 때, 소련(지금의 카자흐스탄 투르키스탄)에 정착한 지 얼마 안 되었을 때의 이야기이다. 2차 세계대전이 한창일 때, 모든 것을 잃고 빈손으로 피난 가야 했던 그의 가족은 먹을 것도 입을 것도 부족했다. 그런데 어느 날 빵을 사러 시장에 갔던 아빠는 '빵'이 아니라, '지도'를 사 왔다. 배가 고파 종일 아빠만 기다렸던 그는 화가 났고, 아빠를 절대 용서하지 않겠다고 생각했다. 하지만 한쪽 벽을 가득 채운 지도를 보며, 지도 속 세계여행을 하기 시작했다. 그는 마침내 그 지도를 사랑하게 되었고, 아빠를 용서했다는 이야기다.

[내가 만난 꿈의 지도]로 '생각 나누기 좋은 질문의 유형'별 질문을 다음과 같이 만들 수 있다.

느낌을 묻는 질문 :
"종일 배고픔을 참고 기다렸는데, 아빠가 빵이 아닌 지도를 사 왔을 때 아이의 기분은 어땠을까?"

유추하는 질문 :
"엄마가 시장에 갔다면, 시래기라도 주어오지 않았을까?"
"아빠는 다양한 요리 몰라서 빵값만 본 거 아닐까?"
"어떻게 유리 슐레비츠는 디자인을 공부하게 되었을까요?

비교하는 질문 :
"왜 엄청나게 큰 지도가 손톱만 한 빵보다 쌌을까요?"

가정하는 질문 :
"내가 만약 아빠였다면, 시장에서 무엇을 사 왔을까?"
"내가 만약 아이였다면, 빵이 아닌 지도를 사 오신 아빠에게 뭐라고 말했을까?"

상대의 의견을 묻는 질문 :
"당신에게 빵과 지도와 같은 것은 무엇인가요?"

적용하는 질문 :

"나는 현실을 쫓아 사나? 이상과 꿈을 쫓아 사나?"
"내게 빵은 무엇이고, 지도는 무엇일까?"

논쟁을 위한 질문 :
"먹을 것이 없어 가족들이 배고플 때, 식량이 아닌 지도를 산 아빠는 잘 한 것인가?"

분석적이고 탐구적인 질문 :
"아이가 처음에는 지도를 사 온 아빠에게 화가 났는데, 어떻게 용서하게 되었을까?"
"아이가 지도를 좋아하게 된 이유는 무엇일까?"

대안을 찾는 질문 :
"빵과 지도를 둘 다 살 수 있는 방법은 무엇일까?"

종합적인 질문 :
"유리 슐레비츠의 아빠는 왜 빵이 아닌 지도를 샀을까?"
"현실의 어려움 가운데 어떻게 꿈과 비전을 계속 이루어 갈 수 있을까?"

이처럼 질문을 여러 종류로 나눌 수 있지만, 질문할 때 가장 좋은 방법은 서너 살 된 아이의 호기심을 가지고 하브루타 본문을 보는 것이다. 질문을 찾기 위해 호기심을 가지고 본문을 보기 시작하면 익숙하던 것도 새롭게 보이고 느껴진다.

하브루타 실습 9 > 질문에 관해 하브루타 해요.

하브루타 질문	하브루타 해답
Q) 어떻게 아이의 질문능력을 키울 수 있을까요?	
Q) 질문 놀이에는 어떤 것들이 있나요? 짝과 질문 놀이를 해 보세요.	1. ㄲㅂ 놀이 : 속담으로 '까바놀이'를 해 보세요. 2. 왜까 왜냐하면 놀이 : 속담으로 '왜까 왜냐하면' 놀이를 해요. 3. 질문 만들기 놀이 : '행복'을 주제로 질문을 만들어 보세요. 4. ㄲㅈㄲㅈ 놀이 : 행복에 관한 질문 들 중에서 하나로 꼬리에 꼬리를 무는 질문을 만들고 답을 해 보세요.

하브루타 실습 10 > 질문을 만들어 보세요.

질문의 종류에 대해 짝과 이야기하고, '효녀 심청' 이야기에서 종류별로 함께 질문을 만들어 보세요.

Q) 질문의 4가지 종류는 무엇인가?

1. ㅅㅅㅈ 질문 : 텍스트에 답이 나와 있고, 정답이 ㅎㄴ인 질문으로 보통 인물, 사건, 배경과 관련한 것이다.

2. ㅅㅅㅈ 질문 : 텍스트에 답이 없고, 생각과 ㅅㅅ을 통해 사고력과 ㅊㅇㄹ을 높이는 질문이다.

3. ㅍㄱㅈ 질문 : 옳고 그름을 ㅍㄷ하고 찬성과 ㅂㄷ의 토론이 나오는 질문이다.

4. 해석적 질문 : 텍스트에서 해답을 2개 이상 찾을 수 있는 물음으로 ㅈㅈㅇㅎ를 위한 질문이다. 하브루타 하기에 가장 좋은 질문이다.

Q) '효녀 심청'이야기에서 사실적 질문, 사색적 질문, 평가적 질문, 해석적 질문을 만들어 보자.

1. 사실적 :

2. 사색적 :

3. 평가적 :

4. 해석적 :

어떻게 좋은 질문을 할까?

질문에 좋은 질문과 좋지 않은 질문이 있을까? 하브루타 중에 참여자들이 하는 질문들은 그 의도만 나쁘지 않다면 나쁜 질문은 없다. 자기를 자랑하거나 상대를 비난하거나 조롱하기 위한 질문들은 나쁜 질문들이다. 이러한 불순한 의도만 없다면 참여자들이 하는 질문은 좋은 질문 나쁜 질문 구분 짓지 말고 모두 존중받아야 한다. 사색적 질문을 하다 보면 때로는 수업 내용과 상관이 없는 쪽으로 이야기가 흘러가기도 한다. 하지만, 하브루타는 정해진 답을 공부하는 학습 방법이 아니다. 하브루타의 목적은 정답을 아는 것보다 해답을 찾으며 생각하는 능력을 키워가는 것이기 때문에 자유롭게 토론할 수 있다.

하지만, **이야기가 너무 산만하게 흘러가서 참여자들이 지루해하거나 텍스트의 주제와 벗어날 때는 리더의 적절한 질문이 필요하다.** 참여자들은 마음껏 질문할 수 있지만, 하브루타 리더들은 좋은 질문을 할 수 있어야 한다. 좋은 질문은 참여자들의 주위를 환기하고, 텍스트에 대한 호기심을 불러일으키고, 생각의 지평을 넓고 깊게 하고, 텍스트와 자신과 하베르(하브루타 짝)를 깊이 들여다볼 수 있게 도와준다.

그렇다면 하브루타 리더의 좋은 질문의 조건은 무엇일까?

첫 번째로 좋은 질문은 무엇을 묻는지 분명하다. 무엇을 묻는지 구체적이고 본질적이어야 한다. 질문할 때는 길게 설명하지 말고, 명확하게 짧게 질문한다. 질문이 길어지면 무엇을 묻는 것인지 불분명해지기 쉽다.

"네 생각은 어떠니?"

"혹시 그 근거가 책에 있을까?"

상대방이 내게 동의하지 않을 때는 이렇게 질문한다.

"네가 그렇게 말할 때는 분명 이유가 있을 건데, 그 이유를 설명해 주겠니?"

두 번째로 좋은 질문은 상대방이 생각을 정리하게 돕는다.

"오늘 하브루타 중 가장 도움이 되는 것은 무엇이었니?"

"토론한 것에 대해 너의 생각을 이야기해 볼래?"

참가자들이 대답하기 어려워하는 질문은 그들의 관점에서 구체적으로 생각해서 답변할 수 있도록 다시 질문한다. 예를 들어 "좋은 소설이란 무엇일까?"라고 질문했을 때 답변하기 어려워하면, "네가 읽은 소설 중 인상 깊은 소설이 무엇이었어? 그 이유가 뭐야?"라고 보다 구체적으로 질문할 수 있다.

세 번째로 좋은 질문은 해석적 질문이다. 텍스트의 핵심 주제를 이해하기 위한 질문으로 두 개 이상의 해답이 있어 더 깊이 생각하게 하는 질문이다. 해석적 질문을 만들기 위해서 하브루타 리더는 하브루타 하고자 하는 수업 내용을 충분히 파악하고 내면화하여 핵심을 파악해야 한다. 아이들의 다양한 질문으로 하브루타를 하다가 마무리는 리더가 준비한 해석적 질문을 하면 산만해 보이던 하브루타 수업이 다시 중심이 잡히고, 아이들은 텍스트의 핵심을 이해하게 된다.

질문할 때 조심해야 할 점은 무엇일까?

자녀들과의 관계에서는 좋은 질문 하는 것보다 더 중요한 것은 나쁜 질문을 하지 않는 것이다. 아이들을 심문하는 듯이 캐묻는 질문은 아이들의 입을 닫게 만든다. 나도 자주 하는 실수이다. 아이들을 사랑하기에 아이들에 대해 궁금한 것이 많아 나도 모르게 꼬치꼬치 캐물을 때가 있다. 또한, 비난의 의도가 있거나 비아냥거리는 질문이나 부모의 유식함과 우월함을 과시하기 위한 질문도 해서는 안 된다.

질문보다 중요한 것은 경청이다. 질문했으면 답을 기다리며 경청해야 한다. 질문하고 대답을 제대로 듣지 않고 다른 일을 하거나 딴청을 피우면 말하기가 싫어진다. 질문하고 아이의 답을 기다리지 않고 성급하게 자문자답해서도 안 된다. 그러면 아이는 자신이 답을 할 필요가 없다고 생각하게 된다. 아이가 대답할 때는 비판하거나 비난하거나 평가하거나 조언하려 하지 말고 먼저 잘 들어 주어야 한다. 그렇지 않으면 아이들은 입을 다물고, 앞으로 말하면 안 되겠다고 생각하게 된다.

어떤 질문이든 답이든 일단 수용해야 한다. 오답에 부정적인 반응 보이면 질문하기 싫어진다. 잘못된 대답의 경우에도 질책할 것이 아니라, "조금 다르게 생각해 보면 어떨까?" 질문을 통해 스스로 깨달아 수정하고 보완하도록 도와야 한다.

사람마다 자기의 우주가 있다. 사람마다 세상을 보는 관점과 생각이 다르다. 질문을 통해서 서로의 우주를 알아가게 된다. 질문하는 이유는 상대의 세계관이 잘못되었다는 것을 깨닫게 하려는 것이 아니라, 서로를 알아가는 사랑과 관심의 표현이다. 아이의 세계관도 존중하며 스스로 생각하고 말할 수 있도록 기다려 주고 경청하자.

하브루타 실습 11 > 짝과 좋은 질문과 조심해야 할 질문에 대해 '왜까 왜냐하면'놀이로 하브루타 해요.

하브루타 질문	하브루타 해답
Q) 하브루타를 인도할 때 어떻게 좋은 질문을 할까요?	첫 번째로 좋은 질문은 ㅁㅇ 을 묻는지 ㅂㅁ 하다. 왜냐하면~
	두 번째로 좋은 질문은 상대방이 생각을 ㅈㄹ 하게 돕는다. 왜냐하면~
	세 번째로 좋은 질문은 ㅎㅅ 적 질문이다. 왜냐하면~
Q) 자녀들에게 질문할 때 조심해야 할 점은 무엇일까요?	ㄴㅃ 질문을 하지 않는 것이다. 왜냐하면~
	좋은 질문보다 중요한 것은 ㄱㅊ 이다. 왜냐하면~
	:어떤 질문이나 답도 일단 ㅅㅇ 해야 한다. 왜냐하면~
Q) 내가 자녀들에게 질문할 때 특히 조심해야 할 점은 무엇일까요?	

마음이 통하는 대화의 기술이 무엇일까?

하브루타는 단순한 공부법이기 이전에 하베르(하브루타 짝)와 함께 질문과 토론의 대화 과정에서 텍스트와 자신의 본질을 찾고, 실천하는 문화이자 삶이라고 했다. 부모와 자녀가 대화하고, 친구끼리 대화하고, 동료와의 대화이다. 대화가 질문과 대답으로 진지해지면 토론이 되고, 논쟁이 되기도 한다. 하브루타의 목적은 단순히 지식을 더 알아가는 것이 아니라, 토라 말씀에 따라 세상과 올바른 관계를 세워가고, 세상을 고쳐가며(티쿤 올람), 선한 영향력을 발휘하는 삶을 살아내는 것이다. 이 과정에서 쌓이는 지식과 창의적 아이디어와 문제해결력, 노벨상, 좋은 학교, 고소득 등등은 하브루타에 파생된 결과이지 하브루타의 목적은 아니다.

이렇게 좋은 하브루타를 통해 자녀와 올바른 관계, 행복한 관계를 세워 가려 하지만, 막상 배우자나 아이들과 앉아서 하브루타를 하려고 대화를 나누다 보면, 뜻하지 않게 감정이 상하고, 관계가 틀어지는 경우가 있다. 왜 그럴까? 피곤하거나 바빠서 대화할 마음의 여유가 없어서 일 수 있다. 하지만 많은 경우 무시하거나, 비난하거나, 단정 지어 말을 하기 때문이다.
자녀들과 이야기할 때도 자녀들을 동등한 인격체로 존중하며, 잔소리하고 싶은 마음을 내려놓고, 그들의 말을 먼저 경청하는 것이 중요하다.

경청

경청(傾聽)이란 기울일 경(傾)과 자세히 들을 청(聽)으로 이루어진 글자로 '귀를 기울여 듣는다'라는 말이다. **경청의 청(聽)을 파자하면, 왕(王)의 귀(耳)를 가지고 열 개(十)의 눈(目)으로 보면서, 하나(一)의 마음(心)으로 집중하여 듣는다는 뜻이다.** 내 귀를 주어야 상대방의 마음을 얻을 수 있다. 경청해야 상대와 친해질 수 있고 마음을 살 수 있고 설득할 수 있다. 모든 대인관계를 잘 할 수 있는 출발점이 경청이다. 내 귀를 열어야 상대방의 입을 연다. 잘 들어야 상대방의 필요를 정확히 안다. 경청해야지 배울 수 있다.

자녀들의 말을 경청하기 시작하면, 자녀들이 부모를 신뢰하고, 성난 파도와 같았던 마음과 감정도 잔잔하고 순해진다. 자녀들의 말을 경청하면, 자녀는 더 많은 이야기를 하고 싶어 하고 성장하고 발전하며, 스스로 문제를 해결할 수 있는 능력이 생긴다. 자녀의 말을 경청하면 자녀도 부모도 서로에게 배우며 함께 성장하게 된다.

경청하기 위해서는 상대의 의도(감정)에 귀를 기울여야 한다. 상대방이 하는 말의 내용과 어휘뿐 아니라, '행간의 의미'를 줄 알아야 한다. 미국 캘리포니아 대학의 심리학자 메러비안(Albert Mehrabian)의 연구에 따르면 사람의 의사소통 효과에서 비언어적 의사소통이 차지하는 비중이 크다. 의사소통에서 상대방의 말을 이해 목소리가 38%, 표정이 30%, 태도가 20%, 몸짓은 5%, 말의 내용이나 어휘는 겨우 7%이다. **열 개의 눈을 가지고 경청하는 것처럼 상대방이 하는 말뿐 아니라, 목소리, 표정, 태도, 몸짓도 읽고 들을 수 있어야 상대방을 바르게 이해할 수 있다.**

경청하기 위해서 적절한 질문이나 추임새를 집어넣는 것도 좋은 방법이다. "왜 그렇지?", "그래서 어떻게 되었어?", "정말 힘들었겠다.", "그게 무슨 말이지? 더 이야기 해줘"…
이런 질문과 말은 상대방에게 공감받고 있다는 느낌을 준다.
반면, **경청하기 위해 절대로 '비비부불'하거나 '충탐해판'해서**

는 안 된다. '비비부불'은 '비난, 비판, 부정, 불평'의 줄임말로 말하는 상대를 용납하지 못하고, 소가 뿔로 받듯이 받아쳐 버리는 말이다. '충탐해판'은 '충고, 탐색, 해석, 판단'의 줄임말로 상대방의 생각이나 감정을 무시하고 내 생각이나 내 감정을 강요하는 표현이다. '비비부불'과 '충탐해판'은 자녀만 아니라 모든 사람과 의사소통을 불통으로 만드는 장벽이다. 이를 잘 인식하고 버린다면 소통이 되는 관계를 만들어 갈 수 있다.

많은 부모가 자녀와 부모의 관계를 인간 대 인간의 동등한 관계로 보기보다는 수직관계로 자녀들이 부모의 말을 무조건 들어야 한다고 생각한다. 또한, 많은 부모가 자녀를 하나의 독립된 인격체로 보기보다는 소유물로 생각하여 마음대로 할 수 있다고 생각한다. 그렇다 보니 자녀가 하는 말을 그대로 받아들이기 힘들고, 쉽게 충고하거나 조언하거나 비난하거나 판단하려 한다. 하지만, 그런 말을 하는 순간 '꼰대'가 되고 더는 자녀들은 말을 하지 않게 된다.

서로의 마음이 통하는 대화(REACH)

어떻게 대화해야 자녀들도 마음이 열려 즐겁게 하브루타를 할 수 있을까? 유대인 심리학자이면서 네 아이의 엄마인 미리엄 아다한이 쓴 [엄마라면 한 번은 탈무드를 읽어라]에서 공감과 이해의 유대인 부모 대화법 'REACH'를 소개하고 있다.

'REACH'란 Reflect(반영), Encourage(격려), Accept(인정), Choice & Change(선택과 변화), Hold & Hug(수용과 포용)를 의미한다.

1. 반영(Reflection)

첫 번째 단계는 반영이다. 염려되고 걱정되는 마음에 잔소리를 퍼붓기 전에 먼저 아이의 감정을 마음에 비추어야 한다. **아이가 느끼는 것보다 더 과장하지도 않고, 아이의 감정을 외면한 채 문제만 해결하려 하지 않고, 잔잔한 호수가 하늘을 담듯 아이의 감정을 있는 그대로 마음에 담아본다. 그런 후 얼굴 표정과 눈빛을 통해 공감하고 있음을 아이에게 보여준다.**

반영을 잘 하기 위해서는 아이가 말을 할 때, 말하는 단어들과 문장들만 듣지 말고, 아이의 감정과 마음도 함께 볼 수 있어야 한다. 미리엄 아다한은 이 '반영'의 과정에서 어떤 말도 하지 말라고 했다. 하지만 충분히 아이의 감정에 공감이 되었다고 생각될 때, 아이의 말을 그대로 반영해서 "~구나"라고 말해주는 것은 좋을 거 같다.

예를 들어 아이가 "엄마, 다은이가 나하고 친구 안 한대요"라고 말하면, 어떻게 반영해야 할까? "또 친구가 생기게 될 거야. 걱정하지 말아라."라고 말하는 것은 아이의 감정을 외면한 채 문제만 해결하려는 것이다. 아이의 마음을 먼저 충분히 공감한 다음 "다은이가 친구 안 한다고 해서 네 마음이 무척 아픈 것 같구나."라고 말해주면, 아이는 엄마가 자신의 감정을 이해해 준다고 느낄 것이다.

2. 격려(Encourage)

두 번째 단계에서는 아이가 자신의 감정과 생각을 계속해서 말을 할 수 있도록 격려한다. "바보 같은 소리 하지 마", "말도 안 되는 소리" 아이의 감정이 별거 아닌 것처럼 축소해서는 안 된다. 아이의 감정이나 상황을 무시하고, "친구와 사이좋게 지내야지.", "동생에게 양보해야지" 쉽게 말해서도 안 된다. 아이가 하려는 말을 다 알고 있다는 식으로 쉽게 단정해서 말해서도 안 된다. 그러면 더이상 아이들은 말하지 않게 된다.

다른 일을 하지 말고, 다른 생각하지 말고, 따뜻한 눈으로 아이를 바라보며, 계속하여 아이에게 집중하고 경청한다. "무슨 일이 있었는지 좀 더 말해 줄 수 있어?", "무엇 때문에 그렇게 느끼지?", "그래서 어떻게 되었는데?"라고 지금 아이가 느끼고 있는 감정을 좀 더 자세히 설명해 달라고 부탁하고, 그들의 생각과 감정을 존중하고 있음을 느끼게 해야 한다.

3. 인정(Accept)

세 번째 단계에서는 아이의 생각과 감정을 인정한다. 인정(認定)의 앞글자인 알 인(認)자를 파자하면 말씀 언(言)과 참을 인(忍)이다. 말을 참으라는 말이다. 내가 하고 싶은 말이 있더라도 꾹 참고 상대방의 말을 들어주는 것이 인정이다. 어떤 행동이나 말을 하는 것은 그만한 이유가 있기 때문이다. 긍정적인 감정도 부정적인 감정도 모두 삶의 일부로 자연스러운 현상임을 인정해야 한다. "그런 말 하지 마라"고 부정하거나 비난하지 말고, "나도 그런 기분이 들 때가 있어", "그렇게 생각할 수도 있겠네"라고 말하며 지지해 준다.

잘못된 행동이나 말도 무조건 옹호하라는 말이 아니다. 단지 '그럴 수밖에 없었다'라는 그들의 상황이나 마음을 이해해 주라는 것이다.

4. 선택과 변화(Choice and Change)

네 번째 단계에서는 아이에게 도움이 필요한 경우 문제해결을 스스로 선택하고 변화하도록 돕는다. 아이가 말하는 문제를 별거 아닌 듯이 축소해서도 안 되고, 바로 충고나 조언해서도 안 된다. 아이가 스스로 생각해 보기도 전에 아이에게 충고하면, 스스로 찾은 답이 아니기에 한 귀로 듣고 한 귀로 흘려 버린다.

"어떻게 해결하면 좋을까?", "너는 어떻게 생각하니?", "어떻게 하면 사이좋게 지낼 수 있을까?"라고 질문하며, 아이에게 생각할 기회를 주고, 생각하기를 힘들어할 때, "만일 000하면 어떨까?"와 같은 적절한 질문으로 생각을 확장할 수 있도록 도와준다. 이러한 과정을 통해 아이는 문제를 꿰뚫어 볼 수 있는 통찰력이 생기고, 자기 자신을 돌아볼 수 있는 성찰의 깊이가 생긴다. 스스로 문제를 해결했다는 자신감이 생기고, 자신이 생각하고 선택한 것들은 더욱 적극적으로 실행함으로 실제적 변화를 만들어 간다.

5. 수용과 포용(Hold&Hug)

마지막 단계는 아이가 부모에게 자기 생각과 감정들을 솔직히 말한 것에 대해 칭찬해 준다. 부모님을 믿어 준 것에 대해, "솔직히 말해줘서 고마워"라고 고마움을 표시하고 따뜻하게 안아준다.

아이가 어리다고 무시하지 않고 하나의 인격체로 존중하고, 그들의 이야기를 수용하며 공감하며 들어주며, 적절한 질문으로 그들의 생각을 확장하는 데 돕는다면 의미 없고 마음만 상하는 잔소리 없이도 아이들을 바르게 양육할 수 있다.

한스 컨설팅 한근태 대표는 [고수의 질문법]에서 대화에서 가장 필요한 것이 '공간 확보의 기술'이라고 했다.
"시간과 돈보다 더 중요한 건 마음의 여유이고 이는 대화를 통해 드러난다. 사람과 이야기를 나누다 보면 뭔가 내부에 자기만의 생각으로 꽉 찬 사람들이 있다. …
자기 확신으로 가득 찬 사람, 자기 이야기만 하는 사람, 쉽게 결론을 내리는 사람, 선입관과 고정관념에 얽매인 사람, 남의 이야기를 들으려 하지 않는 사람, 공부하지 않으면서 세상만사 다 안다고 착각하는 사람들이 그렇다. 대화에서도 가장 중요한 건 바로 공간 확보의 기술이다. **인간(人間)이란 말이 한자로 '사람과 사람 사이'를 뜻하는 것처럼 소통에서도 빈 공간이 있어야 대화가 원활해질 수 있다.**"

자녀와의 대화에서도 마찬가지이다. 자녀에 대한 선입관들, 세상에 대한 고정관념들, 자녀가 내 소유인 것처럼 내 마음대로 하려는 주장들을 마음에서 털어 버리고, 자녀를 있는 그대로 담을 수 있는 넉넉한 마음의 공간을 가지는 것이 가장 중요하다.

많은 부모가 바쁘게 살아간다. 집안일도 많고 업무량도 많다.

정말 급한 일이면 아이에게 양해를 구하고, 시간을 꼭 마련해 아이의 이야기를 마저 들어 주어야 한다. 세상 무엇보다 소중한 것이 우리 자녀들이 아닌가. 집이 좀 더러워져 있어도, 업무가 좀 밀린다고 해도, 가정에서는 우선순위를 자녀에게 두어야 한다. 우리는 평생 어떤 일이든 하고 살겠지만, 자녀들은 곧 떠나기 때문이다. 어느 순간 아이가 부모보다 바빠지고, 아이의 목소리를 듣고 싶어도 만나기도 힘들어지기 때문이다. 부모가 아이의 말을 들어주지 않으면, 아이도 부모의 말을 들어주지 않을 것이다. 부모가 아이에게 필요한 시간을 내어주지 않으면, 아이도 부모에게 시간을 내어주지 않을 것이다.

성경 말씀대로 심은 대로 거두게 되는 것을 잊지 말고, 가장 소중한 자녀에게 시간을 심고 사랑을 심자. 풍성한 대화와 행복한 관계로 우리에게 돌아올 것이다.

하브루타 실습 12> 다음 질문들로 짝과 마음이 통하는 대화 방법에 관해 하브루타 해요.

하브루타 질문	하브루타 해답
Q) 경청(傾聽)의 한자의 의미는 무엇일까요?	
Q) 경청을 할 때 해야 할 것과 해서는 안되는 것은 무엇일까요?	해야 할 것 해서는 안 되는 것
Q) 경청을 위해 내가 고쳐야 할 것은 무엇일까요?	
Q) 마음이 통하는 REACH대화법이 무엇일까요?	① R ② E ③ A ④ C & C ⑤ H & H

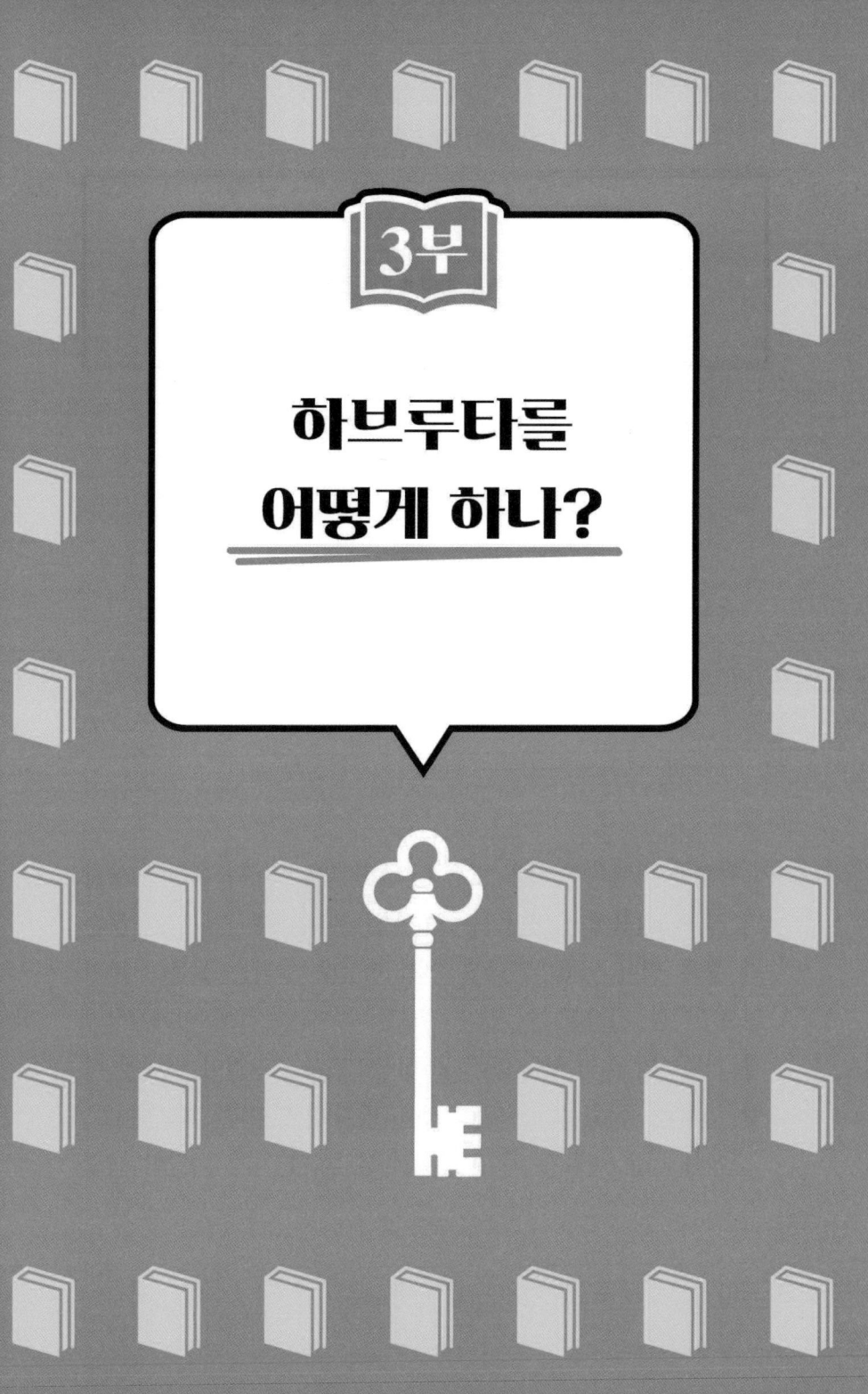

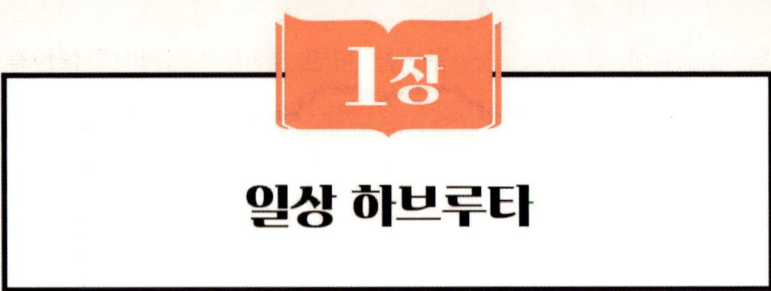

일상 하브루타

가족과 지내는 모든 순간에 언제나 하브루타가 가능하다.

학교에 다녀온 아이와 하는 하브루타

학교에 다녀온 아이를 반갑게 맞이하며, 아이의 표정을 살피며 **"오늘 학교에서 재미있는 일이 있었니?"혹은"학교에서 무슨 안 좋은 일이 있었니?"라고 먼저 마음을 살피는 질문**을 하며 하브루타를 시작할 수 있다. 학교에서 배운 것을 이야기하면 잘 기억하여 이야기해 준 것을 칭찬하면서, **"그것이 너에게 어떤 영향을 주었니?", "왜 그것을 배워야 한다고 생각하니?", "그래서 너는 어떻게 해야 한다고 생각하니?"** 등 다양한 사고

를 가능하게 할 수 있는 질문을 하면 좋다. 이러한 질문들은 선생님의 가르침을 일방적으로 받아들이기보다 한 번 더 생각해 보게 한다. 적절한 질문들은 아이들이 다수의 의견에 휩쓸리거나 배운 것을 의심 없이 수용하기보다는 타인과 다른 자신만의 독창적인 생각을 발전시키고 표현하는 능력을 기르도록 돕는다.

이스라엘은 초등학교에서부터 교사들이 언제나 자유롭게 질문하고 토론을 할 수 있는 분위기를 만들어 준다. 그래서, 아이들이 학교에 다녀오면 이스라엘 엄마들이 "오늘은 무엇을 질문했니?"라고 질문한다. 우리도 마음껏 질문할 수 있는 학교 분위기가 되면 좋겠다.

식사 시간에 하는 하브루타

유대인들은 매일 밤 가족과의 식사를 어떤 것보다 중요하게 생각하여 온 가족이 함께한다. 사실 우리 민족도 밥상머리 교육을 중요하게 생각했다. 세종실록의 기록을 보면 나라를 다스리느라 바빴던 세종대왕도 매일 자녀들과 함께 식사했다.
"**나는 날마다 세자와 더불어 세 차례씩 같이 식사하는데 세자가 동생들에게 교육하게 하고 나 또한 공부를 가르쳐 준다.**"
<세종실록 1438년 11월 23일>

세종대왕뿐만 아니라 많은 양반가정에서도 아버지가 자녀들과 함께 식사하며 대화를 나누며 자녀들을 교육했다.

그런데 언제부터 이러한 좋은 전통이 사라졌을까? 일본 식민지 시대 때부터이다. 일본은 우리나라의 문화를 말살하기 위해 가정에서도 일본말을 사용하도록 강요했고, 식사 시간에는 조용해질 수밖에 없었다. 일본은 또한 명심보감이나 사서삼경 같은 인문학을 가르치는 '서당'을 폐쇄하고, 일방적으로 주입식으로 가르치는 '국민학교'를 만들었다. 아이들이 스스로 생각하고 판단할 수 있는 길을 차단한 것이다. 부모의 바른 권위를 회복하고, 우리 가정을 살리기 위해, 다시 부모와 자녀가 함께 식사하며 대화를 나누는 이 전통을 되살려야 한다.

어떻게 밥상머리 교육을 해야 할까? 함께 밥을 먹으며, "흘리지 말고 먹어라", "소리 내지 말고 먹어라", "말하지 말고 얼른 먹어라", "요즘 공부는 잘 하고 있니?" 등등 잔소리를 늘어놓으면, 부모와 자녀의 관계는 더욱 틀어질 수 있다.
학교나 직장에서 있었던 일이나 들었던 뉴스나 책에서 본 내용에 대해 **"너의 생각은 어떠니?", "왜 그렇게 생각하니?"** 아이에게 질문하며 하브루타를 시작할 수 있다.

"왜 정해진 시간에 밥을 먹어야 하는가?", "왜 서로 배려해야 하는가?"와 같은 **당연하고 근본적인 질문들도 아이의 사고력을 높이는 데 도움이 된다.** 아이가 아무 생각 없이 하던 일에 대해 다시 돌아보고 생각하게 만들어 주기 때문이다.

아이가 질문할 때는 **바로 답을 알려 주지 말고, 스스로 답을 찾을 수 있도록 다시 질문으로 답해 주어야 한다.** 아이에게 바로 답을 주면, 아이가 좀 더 깊이 생각하고 사고력과 논리력과 문제해결력을 기를 기회를 잃어버리기 때문이다. 아이가 단어의 뜻을 질문한다면, **단어의 한자나 뜻을 유추해 보게 할 수도 있다. 그래도 답을 찾지 못하면, 답을 알아 갈 수 있는 질문을 하거나, 초성퀴즈를 내어주면 아이는 계속해서 문제에 대해 생각하며 스스로 답을 알아간다.** 스스로 찾은 답은 부모가 가르쳐 준 답보다 값지게 느껴지고, 기억도 오래 남는다.

그렇다고 가족과 함께 하는 즐거운 식사 시간에 아이를 교육하려는 의도를 지나치게 드러내는 것은 좋지 않다. 가족과 식사하는 시간은 행복한 시간이 되어야 한다. **아이의 사고력과 논리력과 문제해결력을 키우기 전, 먼저 아이들의 마음을 헤아리고, 삶을 나눌 수 있는 질문을 해 보자.**

"오늘 하루 가장 기분 좋았던 일이 뭐였니?"
"오늘 수업 중에 가장 재미있었던 것은 뭐였니?"

"오늘은 누구하고 놀았니?"
"요즘은 어떤 책을 읽고 있니?"

아이가 책을 읽지 않고 게임을 하거나 웹툰을 보고 있다면, "재미있어 보이네. 어떤 내용이야?"하고 아이의 관심사를 나눌 수도 있다. 아이에게 생각할 기회를 주기 위해서이다. 스스로 깨달아 답을 찾을 때 아이는 배움의 기쁨을 알게 되고, 더 오래 기억하게 된다.

아이가 잘못 했을 때 하는 하브루타

아이들 사이에 갈등이 있거나, 아이가 잘못한 때도 무조건 큰소리를 치며 혼내지 않고, **먼저 아이들이 자신을 돌아볼 수 있도록 질문하는 것이 좋다**. 왜 그렇게 했는지, 그런 행동이 상대방의 마음을 어떻게 했을지, 다른 방법은 어떤 것이 있을지 질문하고 생각할 시간을 주어야 한다. 아이가 스스로 생각하고 판단하고 실천한 것은 아이의 장기기억에 저장되어 아이가 같은 잘못을 하지 않도록 한다.

아이가 자기 관리를 제대로 하지 못할 때도 다그치며 혼내지 말고, 스스로 생각하도록 질문을 하면 된다. "내일 숙제가 있는데, 지금 계속 핸드폰만 하고 있으면 어떻게 될까?", "지금이

10시가 넘었는데, 라면을 먹으면 어떻게 될까?", "지금은 무엇을 해야 하는 시간일까? 먼저 해야 할 일이 뭐지?" 엄마의 잔소리는 관계만 나빠질 뿐 근본적으로 아이의 행동을 고치지 못한다. 하지만, **질문하고 하브루타를 하면, 아이는 스스로 생각하고, 스스로 움직이게 된다.**

때론 아이의 선택과 결정이 부모의 마음에 들지 않더라도, 아이의 의견을 존중해야 한다. 단, 아이의 안전이나 다른 사람에게 해를 끼치는 것은 제재해야 한다. 그렇지 않다면, 아이의 선택이나 결정이 끼칠 영향이나 결과와 책임에 대해 알려주며, 스스로 선택하여 움직이게 해야 한다. 아이는 부모의 소유가 아닌 또 다른 하나의 인격체이기 때문이다. 부모가 모범을 보이며, 아이를 존중하며, 부모의 의견을 말한다면, 아이도 부모를 존중하며 자기 생각을 말할 것이다. 그러면 함께 하브루타를 통해 가장 좋은 해결책을 찾아갈 수 있다.

잠자기 전 하브루타

자녀에게 안정감을 주고, 일정하게 하브루타 하기 가장 좋은 것은 '베드타임 스토리'(Bed time story)이다. 자기 전에 그림

책이나 동화책이나 위인전을 읽어 주고, **"네 생각은 어떠니?"**, **"네가 만약 OO였으면 어떻게 했겠니?"**, **"다음에 어떻게 될까?"**, **"너는 이런 적이 없었니?"** 질문하고, 엄마나 아빠의 경험도 이야기해 줄 수 있다. 아이는 부모의 사랑을 느끼며 안정된 애착 관계를 만들 것이다.

아무 때나 하브루타

"엄마, 우리 하브루타 해요."

세 달간 순천 삼산 도서관에서 함께 했던 하브루타 수업 이후로도 태은이와 나는 "우리 하브루타 하자"라는 형식을 갖추지는 않지만, 뉴스나 일상생활에 관해 자주 하브루타를 했다.

중학생이 되었을 때 진로 수업을 듣던 태은이는 자신의 진로에 대해 깊이 생각하기 시작했다. 유튜브나 책을 통해 자신의 관심 분야들을 찾아가고 공부해 오고 있다. 학교의 커리큘럼과는 상관없이 시사, 과학, 역사, 철학, 어떤 분야든지 자신이 알고 싶고 공부하고 싶은 것들을 파고들며 공부했다. 태은이는 "엄마, 우리 하브루타 해요."라고 말하고, 새롭게 알게 된 사실을 설명하기를 즐겼다. 이것을 '설명 하브루타'라고 한다.

설명 하브루타란 다른 사람에게 자신이 아는 것을 설명함으로써 자신이 무엇을 알고 무엇을 모르는지 더욱 분명히 깨닫게 되는 하브루타의 한 방법이다. 다른 사람에게 설명하면서 자기가 알고 있던 것을 더욱 명확하게 알게 되고, 몰랐던 부분은 다시 확인하고 공부하게 된다. 처음에는 설명하는 것이 서툴기도 했지만, 사랑하는 아들이라 그저 예쁘게 봐주었다. 하지만 시간이 지나면서 점점 지식의 깊이가 더해졌고, 내가 정말 배우는 학생의 입장이 되어 재밌게 배우게 되었다. 주로 밤늦게 와서 새벽 1시가 넘어갈 때까지 설명해 주는 경우가 많아 계속 경청하기가 너무 피곤했다. 그래도 그만 가서 자라는 말을 하기가 싫었다. 아들의 말을 듣는 것이 행복했기 때문이다.

엄마도 계속 공부해야 한다.

아이는 자란다. 생각도 자라고 지식도 자란다. **아이와 일상적인 하브루타를 계속하기 위해서는 엄마의 생각과 지식도 함께 자라야 한다.** 하브루타에서 짝의 역할이 중요하기 때문이다. 짝은 경청하고, 찬성 근거와 반대 근거를 말함으로 하브루타의 깊이를 더 깊게 하는 결정적인 역할을 한다.

태은이가 내게 가져오는 하브루타 주제들은 태은이의 관심사에 따라 다양했지만, 중2가 되자 관심 분야가 더욱 분명해지고 깊어지는 것을 느낄 수 있었다.

"엄마! 우리 '물리'로 하브루타 해요!" 태은이가 중2 때에 한 말이다. 친구들은 물리 이야기하면 싫어한다고 엄마밖에 들어줄 사람이 없다면서 물리 하브루타를 하자고 했다. 역사 하브루타, 기술 가정 하브루타까지는 좋았다. 태은이는 중간고사나 기말고사 기간이 되면 나를 앉혀 놓고, 시험공부 한 내용을 이야기해 주었다. 하지만 물리는 하브루타 하기가 너무 부담스러웠다. 이해되지 않는 숫자와 알 수 없는 그리스어들만 머리에서 빙빙 도는 재미 없는 과목이었다. 태은이에게 그러자고 대답은 했지만, 물리를 혼자 공부할 생각은 없었다. 태은이는 엄마가 잘 몰라도 일 년 동안 끊임없이 양자역학이 어떻고, 지구와 화성 간 이동이 어떻고, 파동과 입자가 어쩌고 설명했다.

그러던 중 태은이가 수강하고 있는 '온라인 리더 클래스'의 김형환 교수로부터 부모 상담 전화를 받았다. 김형환 교수는 태은이가 자신의 꿈을 찾아 성실히 이루어 가고 있음을 칭찬해 주며, "집에서 태은이가 누구와 주로 말을 하나요?"라고 물었다. 하루 한 시간 정도는 엄마인 내가 태은이와 매일 대화한다고 자랑스럽게 말했다. 하지만 교수님은 말씀하셨다. "태은이가 집에서 말이 통하는 사람이 없네요." 당황스러웠다. 하루 한 시간이나 이야기하는데 왜 말이 통하지 않는 거냐고 질문했다.

그가 말했다.

"어머니는 태은이가 말하는 것을 잘 이해하지 못하시잖아요. 태은이가 지금은 엄마에게 이야기하지만, 엄마가 계속 이해를 잘 못 하시면 말이 통하는 친구들을 찾을 거예요. 그리고, 집에서는 점점 말이 줄어들 거예요."

충격적이었다. 태은이와 하브루타로 이야기 나누는 시간을 지키기 위해 태은이가 권해 주는 수학책과 과학 유튜브 영상을 보며 조금씩 공부했다. 태은이는 엄마의 작은 시도도 기뻐해 주었고 그걸로 일단은 감사하고 만족했다. 자신이 잘 아는 분야에만 자신을 한정 짓지 말아야 한다는 생각이 들었다. 조승연 작가가 쓴 [그물망 공부법]이나 데카르트의 [방법서설]에 나온 '학문의 나무'처럼 학문은 서로 다 연결되어 있기 때문이다. 알아서 흥미가 가는 것이 아니라 몰입하니 재미가 찾아온다.

이 밖에도 가족이 여행을 가거나, 쇼핑하거나, 외식할 때도 하브루타를 통해 자기 의견을 말하고 이견을 조율하면, 생각하고 조리 있게 말하는 능력을 키울 수 있다. "어디로 가면 좋을까?", "왜 그곳에 가고 싶니?", "언제 가면 좋을까?", "어떻게 가면 좋을까?", "어떤 곳을 방문하고 싶어?", "무엇을 사면 좋을까?", "왜 그렇게 생각하니?", "무엇을 먹으면 좋을까?", "왜 그것을 먹고 싶어?"… 부모의 결정에 일방적으로 따라가야 할 때보다 아이들은 훨씬 적극적으로 함께 하는 기쁨을 누릴 수 있다. 그뿐만 아니라, 부모와 일상에서 질문과 대화의 시간을 충분히 가진 아이들은 여러 가지 단어들을 사용하고 이해하는 어휘력과 문장에 담긴 의미를 이해하는 문해력도 자연스럽게 갖추게 된다.

위의 다양한 예들을 보며 무엇부터 시작할지 막막할 수 있다. 하지만 하브루타는 거창한 것이 아니다. 책이 없어도 언제 어디서나 "요즘 가장 재미있는 일은 무엇이니?", "어떤 친구와 가장 친하게 지내니?"와 같은 가벼운 질문으로 시작할 수 있다. 여기에 **"너의 생각은 무엇이니?", "왜 그렇게 생각하니?"** 를 질문하면 아이의 뇌는 활발히 운동하며 생각하는 뇌가 될 것이다. **아이의 마음을 물어보고, 공감과 경청하는 것이 하브루타의 시작이다. 중요한 것은 사랑과 관심이다.**

하브루타 실습 13> 짝과 일상 하브루타에 관해 배운 내용으로 하브루타 해요.

하브루타 질문	하브루타 해답
Q) 일상적으로 하브루타는 언제 언제 할 수 있나요?	
Q) 나는 아이에게 언제 어떤 질문을 할 것인가요?	

하브루타 수업 매뉴얼

 앞에서 살펴보았듯이 정통적 의미에서 하브루타란 두 명 이상의 하베르(חָבֵר : 친구, 토론의 짝)가 본질을 추구하는 '리쉬마 정신'을 기반으로 토라와 탈무드를 가지고 질문과 토론과 논쟁을 통해 함께 공부하는 관계이자 유대인들의 학습 방법이자 문화이자 삶이다. 일반적으로 이용될 수 있는 학습법으로 하브루타를 정의하자면, 하브루타(חַבְרוּתָא '우정, 동료관계')는 짝과 질문, 토론, 논쟁하며 본문을 학습하는 학습법이다. '철이 철을 날카롭게 하듯이' 하브루타짝이 서로 질문과 토론을 하며 지식과 지혜를 배운다.

 하브루타에서 하나의 정답이 아니라 여러 가지의 해답이 있듯이 하브루타 수업도 그 방식이 다양하다. 어떤 방식이든 왜 사는지 삶의 의미와 가치를 깨닫고 하브루타 자체를 즐기는 리

쉬마 정신을 가지고, 하브루타를 통해 아이와의 관계를 돈독하게 하고, 아이가 많은 생각을 해 볼 수 있도록 다양한 질문을 자유롭게 주고받으면 된다. 단지 사전에 본문을 미리 읽고 핵심 키워드와 질문을 생각해 본다면 더 깊이 있는 하브루타를 할 수 있다. 필자는 **진북 하브루타의 '질문 하브루타', '7키워드 하브루타'**와 3P바인더의 **'본깨적'**을 기본으로 상황이나 책에 따라 나만의 양식지를 만들어 하브루타 수업을 한다.

도입

재미있는 퀴즈나 게임이나 카드로 마음을 열게 한다.

1. 하브루타 퀴즈의 예

"공원에 긴 벤치가 있었고 세 명이 앉아 있었다. 다른 한 명이 와서 그 벤치에 앉았을 때, 벤치가 부러졌다. 벤치가 부러진 것은 누구의 책임일까?" '마지막에 온 사람이다.'라고 주장하는 아이, '네 사람 모두의 책임이다.'라고 주장하는 아이, '벤치를 부실하게 만든 공원의 책임이다.'라는 아이도 있다.

'굴뚝에서 나온 두 청년'에 관한 퀴즈도 재미있다.

"두 사람이 굴뚝을 청소하고 나왔어요. 한 사람은 얼굴에 검은 재가 많이 묻어 더럽고 한 사람은 깨끗했어요. 누가 가서 씻을까?" 더러운 사람이 씻을 거라는 사람, 더러운 사람을 본 깨끗한 사람이 자기도 더럽다고 생각하고 가서 씻을 거라는 사람, 둘 다 굴뚝 갔다 왔으니 씻을 거라는 사람, 둘 다 안 씻을 거라는 사람 등등 여러 가지로 생각할 수 있다.

하브루타 퀴즈는 대체로 정답이 없다. 자신의 의견을 말하고 근거를 말함으로 생각하는 힘을 키우고, 다양한 사람들의 다양한 의견을 들음으로 생각의 폭을 넓히는 것이 목적이다.

2. 자기소개 방법

처음 만나는 사람들이 모인 경우, 자기소개 게임, 인터뷰, 오리엔테이션 종이를 활용하여 먼저 아이스 브레이크를 한다.

자기소개를 위한 게임으로는 '키워드로 소개하기', '삼행시로 소개하기', '진진가(진실인 것 2개와 가짜인 것 1개를 말해 가짜인 것)로 소개하기', '자신에게 의미 있는 숫자 2개로 소개하기', '짝과 공통점으로 소개하기', '그림 카드 중 자신의 현 상황과 미래 희망 사항 2장 골라 소개하기'…등이 있다.

인터뷰는 서로에 관해 묻는 몇 가지 질문을 만들어 인터뷰 형식으로 자기를 소개하는 것이다.

오리엔테이션 종이에 적어 소개한다면 "초등학교 때 가장 기억에 남는 일, 좋아하는 취미와 음식과 색, 교육받는 목적…"등 가벼운 질문으로 자기를 소개할 수 있는 항목들을 질문하고 대답하다 보면 금방 친숙한 사이가 된다.

3. 카드

인터넷 교구 쇼핑몰 '학토재'에서 파는 '논어 카드', '토론 스틱', '동시 그림 카드', 'DIY 스토리텔링 주사위' 등 다양한 도구들은 자기 생각이나 마음을 말함으로 마음을 열게 한다.

'논어 카드'는 논어의 구절들과 해석들이 한 구절씩 들어있는 54장의 카드 세트다. 돌아가면서 카드를 선택하고 그 카드에 관해 설명하거나, 질문하거나, 관련된 경험을 말하거나, 찬반을 말하거나, 어떻게 실천할지를 말하게 한다.

'토론 스틱'은 아이스크림 바 모양의 스틱 하나에 한 가지씩 토론할 만한 질문들이 적혀 있다. 참가자가 뽑아 그 스틱에 적힌 질문을 하면 나머지 사람들이 대답한다.

토론 스틱에는 다음과 같은 질문들이 적혀 있다.
"성공하려면 왜 먼저 다른 사람이 원하는 것을 이룰 수 있도록 도와주어야 하는가?"(지그지글러)

"공정하게 인재를 등용하는 방법은 무엇일까?"(세종)
"지금까지 당신이 가장 잘한 일 세 가지는?"(진북)
"현재를 왜 선물이라고 하는가?"(스펜서 존슨)
"변화를 위해 왜 실천이 중요한가?"(켄 블랜차드)
"당신 인생의 가장 중요한 스승은 누구였고, 그 이유는 무엇인가?"(로렌스 스타인버그)

'동시 그림 카드'를 사용해서는 동시와 그림이 그려져 있는 카드가 있어 각 카드를 뽑는 대로 연결하여 이야기를 만들어 갈 수 있다. 'DIY 스토리텔링 주사위'는 주사위에 6면에 자기가 그리고 싶은 그림을 그려 직접 주사위를 만들고, 돌아가며 한 사람씩 만들어진 모든 주사위를 굴리고 그림이 나오는 대로 줄거리를 만들어 이야기하게 한다.

수업 전개

재미있는 퀴즈나 게임으로 마음이 열려 본 수업에 들어가면 '질문 하브루타', '7키워드 하브루타', '본깨적 하브루타' 중 하나를 고르거나 섞어서 하브루타를 한다.

1. 질문 하브루타'

질문 하브루타는 본문을 각자 또는 같이 읽고, 각자 궁금하거나 같이 토론하고 싶은 것을 질문으로 만든 다음, 그 만든 질문으로 서로 질문하고 답하는 하브루타이다. 사실 질문, 상상 질문, 평가 질문, 해석이나 적용 질문으로 나누어서 질문할 수도 있고, 그냥 알고 싶은 것과 토론하고 싶은 것을 질문해도 된다. 처음에는 무슨 질문을 만들지 몰라 어려워하는 아이도 자꾸 질문을 만들다 보면 점점 예리하고 핵심을 찌르는 질문을 만들게 된다. 작성한 질문으로 둘씩 짝지어 서로 질문과 대답하기를 주고받는다. 학생이 많은 경우 둘씩 하브루타 하게 하고, 전체가 모여 짝과 나눈 질문들과 답 들 중 어떤 질문과 답이 재미있었는지 발표를 하고, 선생님이 마무리 질문을 하고 끝낼 수 있다.

2. 7키워드 하브루타'

7키워드 하브루타는 '진북(진짜 독서를 위한 ZinBook)'의 서상훈, 유현심 대표가 개발한 것으로 하브루타 할 본문이나 책을 각자 따로 읽어오거나 같이 읽고, '**낭독, 재미, 경험, 궁금, 메시지, 중요, 필사**' 이렇게 7가지의 키워드로 하브루타 한다.

"이 책을 **낭독**하니 어떤 느낌이 들었나요?"
"어떤 부분을 **낭독**해 주고 싶나요?"

"왜 그 부분을 **낭독**해 주고 싶나요?"
"책을 읽으며 **재미**있던 부분, **감동**적인 부분이 있었나요?"
"재미뿐 아니라 슬픔, 분노 등 다양한 감정이 들었던 부분을 어디인가요?"
"왜 그 부분이 **재미**있었지요? (슬펐지요?, 화가 났지요?)"
"책에 나온 내용과 비슷한 **경험**을 한 적이 있나요?"
"책을 읽으면서 **궁금**했었던 것은 무엇인가요?"
"책의 어떤 등장인물에게 **궁금**한 것이 있나요?"
"책을 읽으면서 내게 **중요**하게 다가오는 부분이 있나요?"
"작가는 무엇을 말하려고 **메시지**는 무엇일까요?"
혹은 "작가는 어떤 이야기를 하고 싶었던 것일까요?"
"어떤 부분을 **필사**하고 싶은가요?
내 문장을 두드린 명문장이나 명대사를 써 봅시다."
"왜 그 부분을 **필사**하고 싶은가요?"

한 사람이 리더가 되어 위의 질문을 하고 나머지 사람들이 돌아가며 답을 할 수도 있고, 돌아가면서 한 키워드씩 인도할 수도 있다. 책을 대충 읽고는 '읽었다'하고 금방 잊어버릴 수 있는 내용을 7가지 키워드로 질문하면서 질문할 때마다 다시 보고 더 깊이 생각할 수 있다. 그뿐만 아니라 그것을 말로 표현함으로 더 오래 기억이 남길 수 있다. 하브루타 짝이 누구냐에 따라 본문과 연관된 이야기들을 들음으로 본문에 대한 이해도나 삶에 대한 이해도가 깊어질 수 있다. 같은 책으로 여러 번 하브루타 해도 하브루타 짝에 따라 배우거나 느껴지는 부분이 달라지기 때문에 하브루타는 늘 새롭다. 하브루타를 통해 책 속에만 있던 글이 입체적으로 다가오는 경험을 하게 된다.

3. 본깨적 하브루타'

'본깨적'은 '본 것과 깨달은 것과 적용할 것'의 줄임말이다. '3P 자기경영 연구소'에서 책을 읽고, 정리하는 방법으로 개발했다. 책을 읽고 마음에 와닿는 본문을 '본 것'이라 하고, 그것이 어떻게 느껴지는지가 '깨달은 것'이고, 어떻게 내 삶에 적용하여 실천할 것인가 하는 것이 '적용할 것'이다. '본깨적' 독서법은 책을 읽고 깨닫는 것에 그치지 않고 실천까지 하게 한다.

딸 고은이와 하브루타를 할 때, 한 책에 여러 가지 이야기가 나오기도 한다. 그럴 때는 보통 본깨적 하브루타로 이야기마다 중요하게 와닿는 부분과 이유를 한두 개씩 이야기하고 어떻게 실천할지 말한다. **본깨적 하브루타는 책을 읽고 난 뒤 '본 것', '깨달은 것', '적용할 것'**을 정리하여 말하는 것이다. 한 책에 여러 가지 이야기가 있는 경우 내가 주로 사용하는 방법이다. 한 사람이 본 것과 깨달은 것과 적용할 것을 발표하면, 하브루타 짝은 들은 내용에 대해 질문을 하여 더 실제적인 적용을 하도록 돕습니다.

마무리

이렇게 신나고 깊이 있는 독서토론이 끝나면, 수업과 관련된 내용을 다양하게 독후 활동할 수 있다. 책의 주제와 관련된 동영상을 보기도 하고, 다양한 형태의 글쓰기도 좋다.

예를 들어 빅토르 위고의 자기보다 더 가난한 사람들을 돕는 이야기, '가난한 사람들'을 읽고 7가지 키워드 하브루타를 마치고, '100원의 기적'이라는 굿네이버스의 동영상을 보고, '100원'을 한 단어로 말하는 글쓰기를 할 수 있다.

"100원은 시작이다.
왜냐하면, 부담 없이 선행을 시작하게 해주기 때문이다."

아쿠타가와 류노스케의 못생긴 코 때문에 고민하는 한 사나이의 이야기, '코'를 읽고 하브루타를 하고는, '자기 자신을 위로하는 것도 중요하다'라는 내용의 동영상을 보고, '칭찬 나무'를 만들고, '칭찬과 당연하지! 게임'을 하고, 꽃 모양 예쁜 포스트잇에 '외모란?' 무엇인지 한 마디로 적고 발표할 수 있다.

'칭찬 나무'라는 것은 먼저 하얀 종이 위에 그려진 나무 테두리 밖 여백에 자신의 단점들을 쓴다. 다음 그 종이를 옆 사람들에게 주면, 다른 사람들이 나무 테두리 밖 바깥에 써 놓은 단점을 장점으로 바꾸어 써 준다.

그러고 나서 다시 본인에게 돌아오면 선을 따라 잘라 바깥 부분은 구겨서 버린다. 나의 단점을 긍정적으로 바라볼 수 있는 눈을 갖게 된다.

'칭찬과 당연하지! 게임'은 서로 칭찬해 주는 게임이다.

가위바위보를 해서 이긴 사람이 진 사람에게 칭찬해 주고, 이긴 사람은 "당연하지!"라고 말하기를 반복하는 자존감을 높여주는 게임이다.

수업 자가진단

수업이 끝난 후 수업을 돌아보며 스스로 하브루타 하면 수업의 질이 향상된다. 1부 2장의 학습 피라미드에서 본 것처럼 인간은 가르칠 때 가장 많이 배운다. 스스로 자가진단 하브루타를 함으로 수업함으로 깨달았던 배움을 잊지 않고, 더 나은 수업을 설계할 수 있다.

<< 하브루타 수업 자가진단표 >>

날짜		시간	
장소		본문(TEXT)	
참여자			

하브루타 질문	하브루타 답
1. 수업의 전체 진행은 어땠나?	
2. 수업에서 학생들과 상호작용은 잘 되었나?	
3. 수업에서 감사한 점 (좋았던 것)은 무엇인가요?	
4. 수업에서 가장 어려웠던 부분은 무엇이었나?	
5. 다음 수업에서 보완하고 싶은 것은 무엇인가?	
6. 수업을 통해 깨달은 것은 무엇인가요?	
7. 내 삶에 어떻게 적용할까?	

다음부터 이어지는 3장부터 10장까지는 '질문 하브루타', '7키워드 하브루타', '본깨적 하브루타' 등을 기본으로 분야별 하브루타 수업을 어떻게 진행하는지 구체적인 예와 함께 설명할 것이다.

일상 하브루타, 음악 하브루타, 미술 하브루타, 영어 하브루타, 수학 하브루타 …등등 하브루타의 종류가 많지만, **하브루타의 꽃은 역시 독서 하브루타이다. 독서 하브루타를 통해 우리가 얻게 되는 유익**이 크기 때문이다. 독서 하브루타를 통해 자기 생각을 말로 표현할 때, 우리는 **이해력과 사고력과 표현력**을 키울 수 있다. 우리가 안다고 생각한 것도 막상 말로 표현하려면 쉽지 않은 경우가 많다. 말로 표현하기 위해서는 그만큼 더 잘 이해하려고 노력하게 되고, 질문을 만들기 위해 호기심을 가지고 생각하게 되고, 질문을 통해 사고가 확장하게 되고, 하브루타를 하면 할수록 자기 생각과 느낌을 말로 표현하는 표현력이 좋아진다. 또한, 자기 생각의 확실한 근거와 이유를 찾다 보면 **논리력**이 커지고, 하브루타의 과정에서 **창의적**인 아이디어들이 떠오른다. 또한, 다른 사람의 말을 잘 듣고 답하는 과정에서 **경청하는 리더십**이 길러지고, 독서 하브루타를 위해서 지속해서 책을 읽다 보면 **독서 습관**도 길러진다. 그뿐만 아니라, 독서 하브루타는 전문가가 아니어도 누구나 접근하기 쉽다.

이어지는 3장부터 7장 내용은 탈무드, 그림책, 소설, 자기개발서, 성경 등 여러 가지 독서 하브루타의 예이고, 8장은 영화 하브루타의 예, 9장은 추석 가족 모임을 하브루타로 한 예이다. 이 책에서 알려주는 이러한 내용을 따라 읽다 보면 하브루타에 대해 좀 더 익숙해지면서 자신만의 하브루타 매뉴얼을 사용하여 하브루타를 할 수도 있다.

하브루타 실습 14> 짝과 하브루타 수업에 관해 배운 내용으로 하브루타 해요.

하브루타 질문
Q) 질문 하브루타는 어떻게 수업을 진행할 수 있나요?
Q) 7키워드 하브루타의 7키워드는 무엇인가요? ㄴㄷ : ㄱㅎ : ㅈㅁ :

ㄱㄱ:

ㅈㅇ:

ㅁㅅㅈ:

ㅍㅅ:

Q) 본깨적 하브루타의 본깨적은 무엇인가요?

ㅂㄱ:

ㄲㄷㅇㄱ:

ㅈㅇㅎㄱ:

독서 하브루타 - 탈무드

　탈무드가 무엇일까? 한국에서는 탈무드가 이솝우화처럼 동화나 이야기 형태로 교훈을 전해주는 격언집 정도로 알려져 있다. 하지만 **탈무드는 기원전 500년부터 기원후 500년까지 랍비(히브리어로 '선생'이라는 의미)들이 토라를 토대로 토론한 내용을 기록한 방대한 지혜와 지식의 창고이다.** 우리가 아는 탈무드 이야기는 대부분 랍비 마빈 토케이어(Marvin Tokayor)가 일본인들을 위해 쓴 탈무드 소개서와 이야기들이 한국어로 번역한 것으로, 탈무드라는 거대한 모래사장의 한 줌 모래알만큼도 안된다.

　그럼 탈무드의 토대가 되는 토라는 무엇일까? '토라'는 유대인의 삶의 기준이고 정체성이 되는 말씀들이다. '던지다, 가리키다, 가르치다'라는 의미의 '야라(יָרָה)'라는 히브리어 동사에서 파생된 '토라(תּוֹרָה)'는 하나님이 이스라엘 백성들에게 온 삶을 던져 가리키고, 가르치라고 명령하신 **모세오경(창세기, 출애굽기, 레위기, 민수기, 신명기)을 말한다.** 토라에 대한 해석과 주석, 토론과 논쟁인 구전 율법들을 모아서 편집한 '미쉬나'와 미쉬나에 대한 토론과 논쟁을 모은 '게마라'를 합친 책이 '탈무드'이다. '탈무드(תַּלְמוּד)'는 '찌르다, 배우다, 연습하다, 훈련하다, 공부하다'라는 의미의 히브리 동사 '라마드(לָמַד)'에서 파생된 명사로, 하나님 말씀을 실제적 삶에서 훈련하고 연습하고 배운다는 의미이다. **탈무드는 유대인들이 토라를 실제 삶에 적용하기 위해 연구하고 공부한 책이라고 할 수 있다.** 즉 탈무드는 토라와 실제 삶을 이어주는 다리 역할을 한다.

탈무드를 큰 소리로 낭독하여 읽고, 자신의 해석을 말하고, 짝이 반박하거나 근거를 들어 동의하며 해답을 찾아가는 것이 바로 '하브루타'이다. 유대인들은 어려서부터 부모와 함께 탈무드로 하브루타 하며 생각하는 힘을 키우고, 세상을 살아가는 삶의 지혜를 배운다. 생각하는 힘을 키우는 하브루타는 노벨상 수상자 중 30%, 아이비리그 재학생 중 30%를 차지하는 등 사회 각 분야에서 두각을 나타내는 유대인들의 성공비결이다. 실제로 원전 탈무드는 브리태니커 백과사전의 약 3배에 달하는 방대한 분량이다. **우리는 한국말로 번역된 일부 탈무드 내용으로 하브루타를 하며 생각하는 힘과 삶의 지혜를 배울 수 있다.**

한국말로 번역된 탈무드 이야기들을 보면 짧고 단순한 이야기 속에 깊이 있는 지혜가 담겨 있다. 자기 전 하나씩 아이들에게 이야기로 들려주거나, 간단한 질문을 하며 하브루타를 할수도 있고, 시간을 따로 정해 수업을 하며 더 깊이 있게 하브루타를 할 수도 있다.

저녁 식사 후 하루 하나씩 탈무드 이야기를 들려주며 아이들과 하브루타 한 이야기를 책으로 낸 것이 양동길 작가의 [토론 탈무드]이다. 아이들에게 탈무드 이야기를 들려주기 위해 매일밤 서둘러 퇴근하여 아이들과 함께 저녁 식사하는 아빠, 저녁 식사 후 들려주는 아빠의 탈무드 이야기를 기다렸다가 귀 쫑긋 듣는 아이들, 책을 읽으며 사랑스러운 가족 모습이 그려졌다.

아이들이 초등학생 이상의 나이가 되면, 일정한 시간을 정해 일주일에 한 번 이상 탈무드로 하브루타 수업을 해도 좋다. 나의 경우 매주 다른 책으로 하브루타 하던 중 아이가 바빠서 미리 책을 읽지 못한 경우 탈무드나 그림책으로 하브루타 한다. 처음 아이와 하브루타 할 때는 도입과 독후 활동도 했었는데, 2년이 지난 이제는 거의 바로 본문으로 하브루타만 한다.

다음은 고은이가 중1일 때 탈무드 중 '나무 심는 할아버지'

를 하브루타 한 예이다.

각자 책을 읽고, 사실 질문, 상상 질문, 적용 질문으로 나누어 워크시트에 질문을 적고 하브루타를 시작했다. 누가 먼저 질문할지는 가위바위보로 결정할 수도 있고, 원하는 사람이 먼저 할 수도 있는데, 나는 보통 고은이가 원하는 대로 따른다. 이번에는 내가 먼저 질문했다.

🧑 할아버지는 자신이 먹지도 못할 열매를 위해 왜 나무를 심었을까요?

👧 다른 사람이 그 열매를 먹을 수 있게 하려고.

🧑 다른 사람이 먹어도 내가 못 먹는데도?

👧 내가 지금 먹고 있는 것도 예전에 어떤 사람이 키웠기에 먹을 수 있고, 내가 지금 사는 것도, 쓰고 있는 휴지도, 종이도 옛날에 누군가가 나무를 심었기 때문인데, 내가 여기서 멈춰버리면 다른 사람들은 똑같이 내가 누렸던 것들을 누리지 못하기 때문에.

🧑 그러면 우리가 풍요롭게 살 수 있는 것은 누가 무엇을 했기 때문일까요?

👧 우리 할머니 할아버지 세대들이 노력을 해주셨기 때문에 우리가 행복하게 살 수 있어요.

🧑 엄마는 읽으면서 6.25 전쟁과 독립운동이 생각났어요. 나라를 지키기 위해 독립운동 하며 많은 분이 돌아가셨죠. '말모

🧑 이'라는 영화를 봤는데, 우리나라의 말을 잃어버릴 뻔했어요.

👧 그 원고를 가방에다가 넣어서 창고에 던지고, 자기는 도망쳐서 죽었어요. 일부러 희생했데요.

🧑 그러면 그 원고는 어떻게 됐어?

👧 나중에 발견됐대요. 그것이 지금 우리나라 국어사전이래요.

🧑 우리나라 말이 없었으면 지금 우리가 일본 말 쓰고 있을 거잖아. 진짜 끔찍하지 않아? 너무 감사하다.

🧑 그리고 또 엄마 같은 경우에는 할아버지가 회사 다니시며 열심히 돈을 버셨어.
그래서 엄마를 공부시켜줬잖아. 엄마의 아빠가 열심히 회사 다녀서 돈을 안 벌었으면 엄마는 공부하기가 힘들었겠지. 대학교 가기도 힘들었을 건데, 정말 감사하다는 생각이 들었어.

🧑 우리 조상들이 열심히 나라를 지키고, 자녀들 교육하지 않았다면 우리나라는 어떻게 됐을까?

👧 우리나라 지금 일본에게 지배를 받고 있었겠죠?

🧑 응 그랬겠다. 일본이 됐을 수도 있겠다. 정말 감사하네.

🧑 나는 어떤 것들을 조상으로부터 받았나요? 엄마 아빠로부터 어떤 좋은 것을 받았나요?

👧 일단 아빠한테서 받은 좋은 거는 잘 만들고 고치는 거. 아빠가 만들기와 고치는 거 잘하시니까, 저도 옷을 잘 만들고 고쳐요. 엄마에게는 언어나 음악적 재능.

독서 하브루타 - 탈무드   155

🧑 그러면 고은이는 어떤 것을 자녀들한테 물려 주고 싶어?

🧑 자신의 힘으로 뭔가를 할 수 있다는 끈기를 가지는 마음

🧑 그럼 고은이가 먼저 그런 끈기와 자립심을 갖고 싶다는 거야?

🧑 네.

🧑 와! 멋져.

이번에는 고은이가 내게 질문했다.

🧑 엄마는 나만 살고 모두가 다 죽는 거랑 내가 남을 위해서 희생했는데 아무도 나를 모르는 거랑 둘 중 어느 것을 택하시겠습니까?

🧑 두 번째가 나아. 하나님은 아시잖아. 하나님이 모르면 좀 그런데 하나님이 아시니까.

🧑 나도 두 번째가 나은 것 같아. 혼자 남으면 일단 심심해. 너무 외로울 것 같아. 그리고 내가 음식을 맛있는 거 못 해서 맛있게 먹을 수가 없어. 그리고 핸드폰도 못해. 인터넷이 고장 나도 어떻게 할지 모르겠고 그러니까 차라리 혼자 죽는 게 나을 것 같아요.

🧑 근데 좀 마음은 아프겠다. 그치? 인정받고 싶은 마음이 있을 거 같아.

🧑 나는 남을 위해 무엇을 할 수 있을까?

🙂 나는 힘들고 어려운 사람들, 외로운 사람들한테 맛있는 거 사 주고, 하나님 말씀으로 위로를 주고 싶어요.

🙂 저는 헌혈을 너무 하고 싶어요.

🙂 왜 헌혈을 하고 싶어?

🙂 헌혈하면 건강 검진도 받을 수 있고, 피가 부족한 사람들에게 줄 수도 있고, 선물도 받을 수 있기 때문이에요.

🙂 그 세 가지 중 어떤 이유가 제일 커?

🙂 세 가지 다 똑같이 중요해요.

🙂 와! 고은이가 생명을 정말 귀하게 생각하는구나.

마지막으로 하브루타를 한 소감과 적용할 것을 나누었다. 우리가 지금 잘 살 수 있는 것이 우리의 조상과 부모들의 수고 덕분이었다는 것을 깨닫고 감사하는 시간이었고, 또 다음 세대를 위해 우리가 해야 할 일을 생각하는 좋은 시간이었다.

어린 자녀들과 지속적이고 체계적인 탈무드 하브루타를 하고 싶으면 탈무드 이야기와 질문들이 잘 기록되어 있는 책 김금선 염연경 작가의 [생각의 근육 하브루타], 탈무드의 지혜로 유대인의 생각훈련을 배우고 싶은 사람은 [1% 유대인의 생각훈련]을 추천한다.

하브루타 실습 15> 다음 본문을 짝과 읽고 하브루타를 해요.

구멍을 막은 페인트공

어떤 남자에게 작은 보트가 있었어요. 그는 해마다 여름이 되면 가족과 호수로 나가 보트를 타며 낚시를 즐겼어요. 어느 해 여름이 끝났을 때, 그는 잘 보관해 두려고 보트를 뭍으로 끌어올렸어요. 그런데 보트를 살펴보니 페인트가 너무 많이 벗겨져 있었어요. 그리고 보트 밑에 구멍도 하나 뚫려 있었어요. 그는 구멍이 아주 조그마해서 대수롭지 않게 여겼어요. 다음에 쓰기 전에 구멍을 막아야겠다고 생각하면서 페인트공을 불러 보트를 깨끗이 칠해 달라고만 부탁했어요.

이듬해 봄이 일찍 찾아왔어요. 그런데 훌쩍 자란 두 아들이 자꾸만 보트를 타 보고 싶어 했어요.

"아빠, 보트를 타고 싶어요. 허락해 주세요."

그는 보트 밑에 난 구멍을 수리해야 한다는 것을 까맣게 잊고 있었어요.

"그래, 그러렴."

두 아들은 신이 나서 보트를 끌고 호수로 갔어요. 두 시간이 지나서야 그는 보트 밑에 구멍이 뚫려 있었던 사실을 번개처럼 떠올렸어요. 그는 안절부절못하며 호수로 달려갔어요. 두 아들이 아직 수영에 익숙지 않았기 때문이에요. 그가 도착했을 때 다행히도 다 놀았는지 두 아들이 보트를 끌고 올라오고 있었어요.

"아빠, 재미있었어요."

그는 아이들이 무사했기 때문에 안도의 숨을 내쉬었어요. 그는 배 밑을 조사해 보았어요. 그런데 누군가 구멍을 잘 막아 놓은 것이었어요. 작년에 페인트공이 페인트를 칠하면서 구멍을 발견하곤 고쳐 놓은 것이었어요. 그는 선물을 사 들고 페인트공을 찾아갔어요.

"배에 뚫려 있던 작은 구멍을 당신이 고쳐 놓았더군요. 나는 배를 사용하기 전에 고쳐야겠다고 생각하고선 그만 깜빡 잊었답니다."

"아, 예. 그 말씀을 들으니 생각나네요. 칠을 하다가 구멍이 뚫린 것을 보고 고쳤답니다. 당연한 일인 걸요."

"구멍을 수리해 달라고 부탁하지도 않았는데…. 당신이 그것을 막아 주어 나의 두 아들이 생명을 건졌답니다."

날짜	년 월 일	작성자	
텍스트	구멍을 막은 페인트공	하브짝	
키워드			

사실 질문
1.
2.
3.
4.
5.
6.

상상 질문
1.
2.
3.
4.
5.
6.

적용 질문
1.
2.
3.
4.
5.
6.

하브루타 소감

4장
독서 하브루타 - 그림책

    그림책은 어린아이만 읽는 책이 아니다. 이야기가 단순하다고, 생각할 것도 단순하지만은 않다. 남녀노소 누구나 쉽고 가벼운 마음으로 읽을 수 있고, 각자의 상황과 처지에 따라 다른 감동을 하고, 여러 가지 생각을 하게 한다. 그러기에 하브루타를 처음 하거나, 여러 연령대의 사람이 같이하는 경우, 그림책으로 하브루타를 시작하는 것이 좋다.

    그림책 하브루타의 순서는 다음과 같이 진행할 수 있다.
1. 아이가 혼자 책을 읽을 수 있고, 문제를 만들 수 있다면 먼저 책을 읽고, 질문을 만들어 보게 한다.
2. 하브루타 전에 먼저 연관된 게임을 하여 재미있게 하브루타에 몰입할 수 있도록 한다.
3. 책을 읽기 전에 먼저 표지의 그림에 관해 이야기를 나눔으

로 그림책의 내용을 추측한다.
4. 그림책을 읽는다. 아이의 성격에 따라서 그림책을 다 읽고 질문을 할 수도 있고, 책을 읽는 과정에서 자기 생각들을 말하거나 질문을 하면서 읽을 수도 있다.
5. 준비한 질문들로 서로 질문하고 답한다. 다양한 사실 질문과 상상 질문을 자유롭게 하지만, 엄마나 리더는 꼭 책의 전체 내용과 주제를 포함하여 생각할 거리를 제공하고 답이 두 가지 이상 나올 수 있는 핵심 질문을 준비한다.
6. 오늘 하브루타 한 소감과 적용하고 싶은 것을 말한다.

모니카 페트의 [행복한 청소부]로 초등 6학년이었던 고은이와 그림책 하브루타를 한 예를 보여주고자 한다. 위의 순서대로 했고, 한 시간 정도 소요되었다. 꼭 이 순서로 하지 않아도 된다. 형식은 각 가정과 아이의 상황에 맞게 바꿀 수 있다.

하브루타 시작 전에 아이에게 사실 질문, 상상 질문, 적용 질문 적어보게 했다. 하브루타는 하브루타를 통해 나를 깨닫고, 이 땅에 선한 영향력을 나타내게 해 달라고 하나님께 기도하고, 퀴즈로 시작했다.

🧑 이것은 무엇일까요?
  - 이것은 스스로 만족할 줄 아는 점에서 비롯된다.
  - 남보다 우위에서 이것을 구하면 영원히 찾지 못할 것이다.

- 기쁘게 일하고, 해 놓은 일을 기뻐하는 사람은 이것을 느낄 수 있다.
- 사람들은 이것을 찾아 세상을 헤매지만, 정작 이것은 누구의 손에든 잡힐만한 곳에 있는 것이다. 그러나 마음에 만족하지 못하면, 이것을 얻을 수 없다. 이것은 무엇일까요?

🙂 행복

🙂 (금방 맞추는 것이 웃으며 큰 소리로 웃으며) 너무 답이 빤하죠. 하지만 빤한 것을 잊어버릴 때가 많아요. 정답을 넣어 같이 한번 읽어봐요.

🙂🙂 - **행복**은 스스로 만족할 줄 아는 점에서 비롯된다.
- 남보다 우위에서 **행복**을 구하면 영원히 찾지 못할 것이다.
- 기쁘게 일하고, 해 놓은 일을 기뻐하는 사람은 **행복**을 느낄 수 있다.
- 사람들은 **행복**을 찾아 세상을 헤매지만, 정작 **행복**은 누구의 손에든 잡힐만한 곳에 있는 것이다. 그러나 마음속에 만족하지 못하면, **행복**을 얻을 수 없다.

그림책을 같이 읽기 시작했다. 먼저 표지 그림을 보고 하브루타 했다.

🙂 <행복한 청소부> 표지 그림을 보니 어떤 느낌이 들어요?

🙂 얼굴이 너무 커서 사다리에서 안 빠질 거 같아요.

-모니카 페트의 <행복한 청소부>, 풀빛

🧒 행복해 보이지 않아요?

👩 행복하다면서 자기를 죽이려는 거 같아요.

🧑 그러게. 너무 위험해 보이네요. 얼굴도 너무 크고.

👧 어깨에 말도 있고 이상한 거 같아요.

🧒 말은 왜 있을까?

👩 원래 이 사람은 부정적인데 꿈에서만 긍정적 아닐까요?

🙂 어떤지 한번 읽어봐요.

고은이는 책을 읽다가도 자기 생각을 말했고, 궁금한 것을 질문했다.

👧 엄마, 청소부 반장과 청소국 국장이 아저씨를 칭찬하며 "잘 하십니다"라고 했다는데, 그림은 칭찬하는 그림 같지 않아요. "아저씨 돈 좀 내나 봐요." 하는 깡패들에게 괴롭힘을 당하는 거 같아요.

🙂 그러게, 그래도 아저씨가 웃고 있네.

청소부 아저씨가 '글루크'라고 쓰인 표지판을 닦고 있는 모습을 보며 어린 여자아이가 엄마에게 질문 하는 장면을 보고 고은이가 말했다.

독서 하브루타 - 그림책   165

👧 어린 여자아이가 글루크 거리 표지판을 보고 '글뤼크'에서 'l'가 빠진 거 아니냐고 엄마에게 물어봤잖아요. 엄마가 독일어로 '글뤼크'는 '행복'이라는 뜻이지만, 표지판은 사람 이름 '글루크'라고 설명해 주었어요. 그런데, '글자의 선'이라고 했는데, 원래는 알파벳을 지워버렸다고 해야 하지 않나요?

🧑 그러게. 한글로는 선이지만, 원래는 알파벳을 의미하겠지.

청소부 아저씨가 자신에게 레코드 플레이어를 선물하여 음악을 들으며 작곡가들을 친구로 생각하는 장면을 읽으며 고은이가 질문했다.

🙍 엄마, 아저씨가 애인부터 가져야겠다. 자기가 자기에게 크리스마스 선물로 레코드 플레이어를 사 주네요.

🙍 아무도 안 해주면 자기가 자신에게 할 수도 있지.

🙍 얼마나 친구가 없었으면 이런 음악들을 들으며 이 사람들(작곡가들)이 친구라고 느꼈을까?

🙍 아저씨가 책을 읽으며, '말은 글로 쓰인 음악'이라고 하는 표현이 너무 멋지지 않아?

🙍 그러면서 이제 일에 집중하지 않게 되고, 일에 최고가 아니게 되어 이후로는 행복하지만 슬픈 아저씨가 되었다는 …

🙍 그럴까?

🙍 뭐든지 완벽한 사람은 없어.

🙍 혼자서 '난 너 친구야' 하면 친구가 될 수 있나?

🙍 옛날에 살았던 작가나 음악가들과도 친구가 될 수 있어. 그러면서 사람이 깊어지는 거지. 태은이 오빠도 그렇게 생각이 많이 깊어졌잖아.

🙍 친구는 아니지.

🙂 책을 통해서 그 사람의 생각이나 감정을 나누는 거지.

🙍 아니지, 책에 모든 것을 다 적어놓지는 않았을 거 아냐.

🙂 그렇긴 하지, 그래도 많이 적혀 있기는 하니깐.

🙍 그럼 친한 친구는 아니고 그저 그런 친구네.

🙂 자기한테는 친한 친구로 생각될 수도 있지.

  대부분 어른이 청소하는 사람 따로 있고, 시와 음악을 아는 사람 따로 있다고 생각한다는 부분을 읽을 때 내가 질문했다.

🙂 왜 어른들은 대부분 표지판 청소하는 사람 따로 있고 시와 음악을 아는 사람이 따로 있다고 생각할까?

🙍 청소부는 공부를 안 해서 머리에 생각이 없으니까 표지판 청소라도 해서 돈을 번다고 생각해서.

🙂 지금은 어떨까? 지금도 그렇게 생각할까?

🙍 아니지. 부자라도 심심해서 청소할 수도 있고. 자기 방 청소 안 하는 사람이 어디 있겠어요? 나도 청소하는데.

🙂 고은이는 시와 음악을 아는 사람이 따로 있다고 생각해? 누구나 알 수 있다고 생각해?

🙍 누구나 알 수 있지. 돌아다니면서도 음악이 들리는데.

🙂 아무나 작가가 될 수 있을까?

🙍‍♀️ 네, 될 수는 있지만 성공할 수는 없겠죠.

🙍 성공하든 하지 않든 즐길 수는 있겠지.

🙍‍♀️ 이야기를 만들고 자기만의 세상을 만들 수도 있지요.

🙍 예전에 '온유한 자는 복이 있나니'라는 유튜브 영상에서 어떤 뇌성마비 아저씨 나왔던 거 기억나? 매일 거리를 돌아다니며 벽에다가 시들을 적고 다녔잖아. 어떤 감독이 그에게 말을 걸면서 영상을 촬영하기 시작했잖아. 골목 구석구석에 시를 쓰고 다녔고 나중에 시집도 냈잖아.

🙍‍♀️ 신고해야겠네. 벽에다가 낙서했다고.

🙍 그러게… 누구나 시인이 될 수 있고 음악가가 될 수는 있는 거 같애.

🙍‍♀️ 코드만 잘 알면 작곡도 할 수 있죠. 나도 맨날 내 머릿속에서 곡들이 떠오르는데 코드를 모르니까 잊어버려요.

🙍 선입견으로 사람을 바라보는 것은 나쁜 거 같애. 사람마다 다 다를 수 있으니까.

아저씨는 음악가들에 대해 작가들에 대해 강의하며 청소했다. 어느새 아저씨 주변에 사람들이 모였고 유명 인사가 되었다. 네 군데 대학교에서 강연해달라고 부탁했지만, 아저씨는 거절했다.

🧑 고은이 생각은 어때? 이 아저씨가 잘 거절한 거 같애?

👧 아니

🧑 고은이 같으면 어떻게 하겠어?

👧 나는 교수로 가겠지.

🧑 나도

👧 교수가 되는 게 얼마나 힘든데, 좋지.

🧑 아저씨는 왜 안 가려고 했을까? 청소하는 게 좋았을까?

👧 혼자서 강의하고 싶었나 보지.

🧑 아저씨는 청소 하는 일을 좋아하지만, 나는 청소하는 것을 싫어하기 때문에 교수가 되었을 거 같애.

👧 이 아저씨는 INFJ(MBTI 성격 유형 검사 중 내성적, 직관적, 감정적, 조직적)였던 거 같애.

🧑 I(내성적인 사람)도 교수가 될 수 있지.

👧 그러니까 소심하다고. 혼자 있는 거 좋아하고. 교수가 되고 싶어 열심히 공부한 것도 아니고. 더 유명해지고 싶지도 않고.

🧑 자기가 하는 일이 참 좋은가 봐.

책을 다 읽고, 먼저 고은이가 준비한 질문을 하고, 내가 준비한 질문을 했다. 고은이와 내가 뽑은 질문들은 다음과 같다.

고은이의 사실 질문

"아저씨의 직업은 무엇일까요?"
"아저씨는 무슨 색으로 깔맞춤을 했나요?"
"아저씨는 어디를 청소했나요?"
"어린 여자아이가 엄마에게 뭐라고 했나요?"
"어린 여자아이와 엄마의 말을 들은 청소부는 무엇을 했나요?"
"아저씨는 작가와 작곡가에 대해 알기 위해 어떻게 했나요?"

고은이의 상상 질문

"아저씨는 왜 교수가 되는 것을 거절했을까요?"
"아저씨는 어떻게 책 구절이나 노래를 외웠나요?"
"사람들은 왜 아저씨를 따라갔을까요?"
"아저씨는 어째서 청소하는 것을 좋아했을까요?"
"청소부 아저씨가 추구하는 가치는 무엇일까요?"

엄마의 사실 질문

"독일어로 '글뤼크'의 뜻은 무엇인가요?"
"행복한 청소부를 행복하게 했던 음악가들은 누구인가요?"
"청소부 아저씨는 언제 행복했나요?"

"감동적으로 와 닿는 구절이 있나요?"
"아저씨는 어떻게 청소하는 것이 즐거울까요?"

엄마의 상상 질문

"강연 요청을 거절한 것이 잘한 일일까요?"
"만약 아저씨가 교수가 되었다면 어떻게 되었을까요?"
"날개 달린 말은 아저씨에게 어떤 의미일까요?"

엄마의 적용질문

"나는 언제 행복한가요?"
"내가 중요하게 생각하는 가치는 무엇인가요?"
"나는 다른 사람에 관해 단정적으로 생각한 적이 없나요?"

감동적인 구절에 대한 질문의 답이 재미있었다.

🧑 감동적으로 와 닿는 구절이 있나요?

👩 유명한 사람들의 이름을 코앞에 두고 있으면서도, 정작 그들에 대해 아무것도 몰랐다고 말하는 구절이요.

🧑 왜 그 구절이 마음에 와닿았어?

👩 나도 잘 모르고 그냥 하는 게 있는 거 같아요. 수학 공식이 왜 그렇게 되었는지도 모르고 그냥 공식만 외워서 문제

를 풀려 한 거. 수학 공부를 안 하는 것보다는 나았지만.

🧑 나는 아저씨가 밤새 거실에서 음악 들으며, 죽은 음악가들과 이야기를 나누며 좋은 친구가 된 것 같은 기분이 드는 부분이 마음에 와닿았어. 하브루타 본문과의 하브루타 대화를 할 수 있다는 생각이 들었기 때문이야. 성경을 읽으며 성경 속 많은 인물과 대화하고, 그림을 보며 화가와 대화하고, 음악을 들으며 작곡가와 대화하고, 책을 읽으며 작가와 대화하고, 그리고 나 자신과 대화하고, 그리고 하나님과도 대화하고. 그렇게 보면 내게 이미 좋은 친구들이 참 많이 있다는 생각이 들어.

"아저씨는 어떻게 청소하는 것이 즐거울까요?"에 대한 대답도 재미있었다.

🧑 아저씨는 어떻게 청소하는 것이 즐거울까요?

👩 더러운데 깨끗해지면 뭔가 가슴이 탁 뚫리니까.

🧑 그런데 우리는 왜 그 즐거움을 모를까요?

👩 아저씨는 먼지만 깨끗하게 닦으면 되는데, 우리는 버려야 할 게 많은데 버리기가 아까워서 아끼다가 먼지 쌓이고 쓰레기가 쌓이는 거죠.

🧑 우리는 깨끗하기를 원할까요?

🙍 네

🙍 나도 원해. 우리도 청소 잘합시다.

강연 요청을 거절한 것에 대해서 '꼬질꼬질 놀이'(꼬리에 꼬리를 무는 질문 놀이)를 했다.

🙍 아저씨가 강연 요청을 거절한 것이 잘한 일일까요?

🙍 자기 생각에 따라 달라지겠지요. 이 아저씨는 청소할 때도 하고 싶은 것을 다 하는 것을 보니 돈이 좀 있나 봐요.

🙍 돈에 대해 걱정이 없는 거 같죠. 가족도 없는 거 같고.

🙍 청소만 해도 음악 공연장도 가고, 책도 빌려 보고 오페라 공연도 보고 다 보던데.

🙍 만약 아저씨가 교수가 되었다면 어떻게 되었을까요?

🙍 컴퓨터 자료 정리하고, 강의 많이 해야 하고 힘들었을 거예요.

🙍 엄마도 처음 읽었을 때는 '교수하지, 아깝다'라고 생각했는데, 다시 읽어보니까 아저씨가 청소하면서 취미로 음악 강의하는 것은 편하고 행복했는데, 대학생만 있는 강의실에 가서 교수로 강의하면 힘들 수 있겠다는 생각이 들었어요.

🙍 잘 안 해주면 불만을 말할 것이고.

🙍 그치, 여러 가지 다른 행정적인 일도 있고 다른 교수님과

의 관계도 있고 복잡했을 거 같아요.

🙍 네.

🙍 거리에서 그냥 청소하면서 강의하는 자체가 재미있었던 것 같고, 한 번씩 도서관에서 대학생만이 아니라 모든 사람을 상대로 강연해도 좋을 거 같아요.

🙍 아이들이 그 강의를 들으려고 따라다녔던 것이 신기해요.

🙍 아이들은 재미있는 이야기를 좋아해요. 아저씨가 음악을 이야기로 재미있게 해 주었을 거 같아요.

마지막으로 적용 질문을 정리했다.

🙍 이 책에서 본 것 중에 적용하고 싶은 것은 뭐예요?

🙍 나도 여러 가지 작곡가와 작가에 대해 알아보고 싶어요.
열심히 청소해서 집을 깨끗하게 하고 싶어요.
빨리 일어나고 싶어요.

🙍 이 책을 읽고 빨리 일어나고 싶어진 이유가 뭐예요?

🙍 아저씨가 청소하기 위해 집에서 7시에 나갔다고 했어요.
7시에 나가려면 6시쯤 일어나 준비한 거잖아요. 부러워요.

🙍 나는 언제 행복할까?

🙍 엄마는 공부할 때 행복하죠.

🙂 맞아. 공부할 때와 가족들이 사이좋게 놀 때 행복해요. 고은이는 언제 행복해?

🙂 나도 놀 때 행복하고, 보석 십자수나 다이어리 꾸미기 같은 취미 생활할 때 행복해요.

🙂 청소부 아저씨가 추구한 가치가 무엇인 거 같아요?

🙂 행복과 즐거움

🙂 고은이가 추구하는 가치는 뭐야?

🙂 지혜와 여유, 행복

[행복한 청소부] 그림책을 읽으며 나를 행복하게 하는 것이 무엇인지 다시 생각해 보게 되었다. 하고 싶은 공부를 하는 것과 가족과 함께 보내는 시간은 나를 행복하게 한다. 이루지 못한 꿈 때문에 비참해하지 말고, 지금 나를 행복하게 하는 것들에 감사하며 즐기자는 생각이 들었다.

이처럼 그림책은 단순한 스토리를 통해서도 깊은 감동을 주기에 아이나 어른이나 누구나 함께 하브루타 하기 좋은 텍스트이다. 모든 그림책으로 하브루타를 할 수 있지만, 내가 읽은 책 중 특히 하브루타 이야깃거리가 많았던 좋은 그림책들을 소개하면 다음 표와 같은 것들이 있다.

<<하브루타 하기 좋은 그림책들 1>>

그림책 제목	작가	키워드
행복한 청소부	모니카 페트	자존감, 비전
패트리샤 플라코	꿀벌나무	독서의 기쁨
배운다는건 뭘까	채인선	배움의 다양함
나의 독산동	유은실	선입관, 부모 역할
언제까지나 너를 사랑해	안토니 루이스	부모의 사랑
내가 만난 꿈의 지도	유리 슐레비츠	빵보다 지도(꿈)
내 거야!	레오 리오니	나눔의 기쁨
프레드릭	레오 리오니	다양한 재능 존중
행복한 왕자	오스카 와일드	나눔, 메신저, 희생
왜냐면	안녕달	질문 포용, 창의성
검피 아저씨의 뱃놀이	존 버닝햄	용납, 친절, 사랑
지각대장 존	존 버닝햄	화내기 전에 경청
엄마 까투리	권장생	희생적 사랑
긴 여행	프란체스카 산나	엄마의 사랑, 난민
치과의사 드소토 선생님	윌리엄 스타이그	너그러움, 지혜
화가 날 땐 어떡하지?	코넬리아 스펠만	분노 다스리기
괴물들이 사는 나라	모리스 샌닥	어린이 이해
말하면 힘이 세지는 말	미야니시 다쓰야	말의 힘
누가 진짜 나일까?	다비드 칼리	복제인간, 정체성

<<하브루타 하기 좋은 그림책들 2>>

그림책 제목	작가	키워드
하컨	존 버닝햄	호기심, 도전, 용기
이웃사촌	클로드 부종	갈등, 화해, 원원
사라, 버스를 타다.	윌리엄 밀러	차별, 용기, 변화
오늘 내 기분은…	메리앤 코트-레플러	오빠, 동생, 기분
거미 아난시	제럴드 맥더멋	전설, 협동, 화합
내가 만일 아빠라면	마거릿 파크 브릿지	질문, 아빠, 사랑
내가 만일 엄마라면	마거릿 파크 브릿지	질문, 엄마, 사랑
일곱 마리 눈먼 생쥐	에드 영	전체를 보는 지혜
단추 수프	오브리 데이비스	나눔의 기적
나는 다른 동물이면 좋겠다.	베르너 홀츠바르트	동경, 비교, 자존감
7은 많을까요?	안체 담	아이들도 철학자
샘과 데이브가 땅을 팠어요.	맥 바넷	노력과 아쉬움 그러나 감사
아름다운 책	클로드 부종	책의 유용성
용기 모자	리사 데이크스트라	친구 만든 용기
슈만의 특별한 구두	존 데이날리스	구두, 장인, 산업화
틀려도 괜찮아	마키타 신지	과정에 최선, 배려
돼지책	앤서니	가족, 이기심, 배려,
난 내가 좋아	낸시 칼슨	자존감, 행복

하브루타 실습 16> 그림책으로 하브루타를 해요.

날짜	년 월 일	작성자	
텍스트		하브짝	
키워드			

사실 질문
1.
2.
3.
4.
5.
6.

상상 질문
1.
2.
3.
4.
5.
6.

적용 질문
1.
2.
3.

하브루타 소감

독서 하브루타 – 문학(소설)

　진북 하브루타의 유현심·서상훈 대표는 [하브루타 일상 수업]에서 소설과 같은 문학 작품을 하브루타를 할 때는 인물, 사건, 배경, 주제 등 네 가지 조건을 고려해서 질문을 만들 수 있다고 한다.

1. 작가가 중요한 인물을 어떻게 표현했는지에 관한 질문이다.
　예) "등장인물들은 누구인가요?"
　　　"그들은 어떤 사람들인가요?"
2. 글의 구성이나 이야기의 순서에 관한 질문이다. 누가, 언제, 어디서, 무엇을, 어떻게, 왜 등 여섯 개의 의문사를 활용하여 질문할 수 있다.
　예) "등장인물들은 어떤 갈등이 있나요?"
　　　"왜 갈등했나요?"

3. 시간적 공간적 배경과 그 근거를 알 수 있는 질문이다.
 예) "어느 나라, 어느 시대 때의 일인가요?"
　　"역사적 배경은 뭔가요?"
4. 중심 사상과 주제를 통해 작품의 의미를 알 수 있는 질문이다.
 예) "작가는 왜 이 작품을 썼을까요?"
5. 생활에 연결하기 위한 질문이다.
 예) "작품에서와 같은 사건을 경험한 적이 있나요?"
6. 관점을 넓히기 위한 질문이다.
 예) "만약 내가 주인공이었다면 어떻게 했을까요?"
　　"문제를 처리한 방법에 대해 어떻게 생각하나요?"
　　"그에게 어떤 대안이 있었을까요?"
　　"그가 다음에는 어떻게 해야 한다고 생각하나요?"

　또는 간단하게 각자가 사실 질문, 상상 질문, 적용 질문을 만들어 서로 질문할 수도 있고, 7 키워드를 이용해서 낭독, 경험, 재미, 궁금, 중요, 메시지, 필사 등을 질문하고 답하며 하브루타 할 수도 있다. 형식은 문학 작품의 내용과 각 가정과 아이의 상황에 맞게 바꿀 수 있다.

　아래 내용은 고은이와 [비밀의 화원](비룡소)을 하브루타 한 예이다. 프랜시스 호지슨 버넷이 쓴 [비밀의 화원]은 인도에서 지냈던 영국 소녀 '메리'가 부모의 죽음 이후 영국 요크셔의 귀족인 고모부 크레이븐 경의 집에 와서 살게 된 내용이다. 고모부에게는 콜린이라는 아들이 있었는데, 죽은 아내와 닮아 괴로워 볼 수 없다며 보지도 않았다. 콜린은 자신도 곧 죽을 거라고 방에서만 살며 괴로울 때마다 소리를 질렀다. 콜린은 메리와 만나게 되었고, 비밀의 정원에서 자연을 잘 아는 건강한 아이 디콘과 놀며 마음도 몸도 건강해진다.

책이 두꺼워서 세 부분(1~9장, 10~18장, 19~27장)으로 나누어서 하브루타를 진행했다. 이 책에서는 세 부분 중 앞부분(1~9장) 하브루타만 기록하였다.

먼저, 소설의 배경을 알아보고 등장인물들의 성격이나 특징을 마인드맵으로 나타내 보고, 7 키워드를 참고한 몇 가지 질문을 적어 인쇄하여 사용하였다. 이스라엘 사람들이 토라와 탈무드를 텍스트로 하나님의 뜻을 어떻게 행할 것인지 하브루타를 하는 것을 본받아 먼저 하브루타를 통해 잘 깨닫기를 기도하고 하브루타하고, 실천하기를 기도하고 하브루타를 끝냈다.

<비밀의 화원> 첫 번째 하브루타 대화는 다음과 같았다.
먼저 소설의 **시간**과 **장소**와 같은 **배경**에 관한 질문을 했다.
🙂 소설의 배경은 언제인 것 같아? 몇 년도인 것 같아?
🙂 몰라요.

🧑 어떤 시대인 것 같아?

👩 인도가 영국의 식민 지배받을 때

🧑 그래, 인도가 식민 지배받은 1800년대 후반 빅토리아 여왕 시대야. 빅토리아 여왕이 영국 땅을 제일 많이 확장했거든.

🧑 책의 배경이 되는 장소는 어디인 거 같아?

👩 인도와 영국

🧑 이제 등장인물들의 성격을 마인드맵으로 한번 그려보자.

소설 인물들에 대한 마인드맵을 이야기를 나누며 같이 그렸다. 먼저 주인공인 '**메리**'부터 마인드맵으로 그렸다.

🧑 메리는 어땠지?

👩 탈모

🧑 어? 탈모라기보다 머리숱이 적고, 까다롭고, 잔병치레를 많이 했고, 엄마가 굉장히 미인인데 메리에겐 관심이 없고, 아빠도 메리에게 관심이 없지. 너무 불쌍하다.

👩 근데, 난 솔직히 엄마 아빠 관심 없더라도 내가 하고 싶은 거 다 할 수 있으면 괜찮았을 것 같아. 친구 있고 핸드폰이 있으면, 엄마 아빠 관심이 없더라도 돈은 주고 입혀주고 먹여주고 다 하잖아. 좀 외롭긴 하겠지만 핸드폰이 있다면 괜찮을 것 같아. 근데 메리는 핸드폰도 없잖아. 너무 외로웠을 거 같아. 인도에는 놀 것도 없고 놀러 가지도 않는데.

👩 아빠는?

🧑 아빠가 영국 총독부에서 일하는 영국 정부를 위해서 인도에 있는 영국 총독부에서 일한다고 그랬어. 엄마는 파티를 좋아한다고 그랬지. 메리는 참 안 됐다. 병약하고 까다로운 아이. 그리고 시녀가 있었지. 시녀이름이 뭐였지?

👩 시녀의 이름이 '아야'야. 끝

다음으로 고모부 집에서 만난 하녀인 '**마샤**'에 관해 소설에 나타난 내용을 마인드맵으로 그렸다.

🧑 12명의 동생, 눈치 엑스(없음).

🧑 그래?

🧑 마샤는 눈치가 없어. 눈치라기보다는 그냥 순수해서 남들이 뭐라고 하든 신경을 안 써.

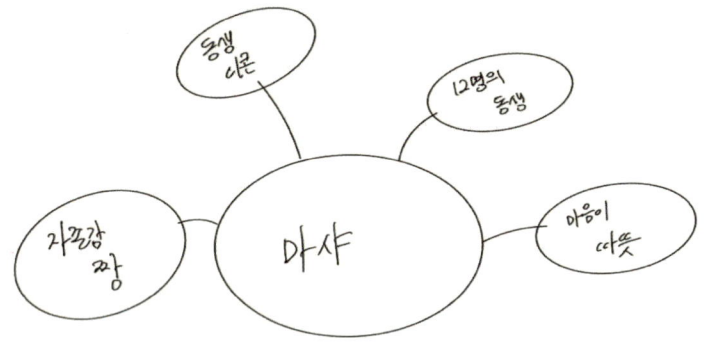

🧑 어, 난 그게 부러워.
　내가 보기에 순수한 것도 맞지만, 자존감이 되게 강한 것 같아. 자존감 짱.

🧑 그냥 남이 뭐라 하든 '난 그게 아닌데 어쩌라는 거야. 자기가 뭔데 날 비판해? 자기나 잘할 것이지.'

🧑 그렇게는 말 안 한 거 같은데.

🧑 아니, 마샤가 다른 사람을 욕하면 마샤 엄마가 말했어.
"네가 뭔데 다른 사람에 대해 함부로 말하냐. 너부터 먼저 돌아봐라."

🧑 마사 엄마가 그렇게 말했지. 마사 엄마가 대단한 거 같아. 마샤가 멋있는 엄마를 두었어. 나는 마사 엄마가 제일 존경스러웠고, 그 집 식구들이 다 훌륭해 보였어.

🧑 그리고 마사 동생도 있었지. 동생이 나오는 부분은 아직 안 읽었어?

👩 마샤가 동생에 관해 이야기했어. "저희 동생은요, 돌 가지고 놀고, 나뭇가지 가지고 놀아요."해서 맨날 궁금해하는데, 아직 메리가 안 만났어요.

🧑 디콘, 동생 이름이 디콘. 마샤의 마음이 따뜻한 것 같아. 메리에게 잘해 주고, 12명인 동생들에게도 잘 하고.

👩 애들이 13명인데, 엄마가 힘들잖아. 근데 만약에 마샤가 여기서 일을 안 하면, 굶어 죽잖아. 어쩔 수가 없는 거지.

다음으로 '**메드록 부인**'에 관한 것들을 마인드맵을 그렸다.

👩 메드록 부인. 이 사람은 성격이 더러운 거 같아.

🧑 성격이 더러워?

👩 애초에 관심이 없더라도 자기가 모시는 분을 손님으로, 아니 주인님의 조카잖아. 그러면 좀 예의를 가지고 대해야지. 손으로 잡아끌고 가서 "맨날 여기서 돌아다니면 못 잠겨버릴 거야." 이러고 있어.

👦 그거 아닐까? 강한 사람한테는 약하고, 약해 보이는 사람한테 강하고. 그리고, 또 메드록 부인은 어땠지?

👩 나빴어. 잘난 척.

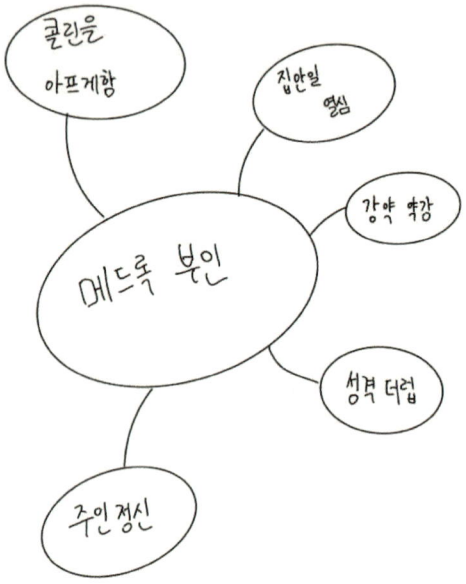

👦 자기가 집주인도 아닌데, 집주인인 것처럼 그러지.

👩 집주인이라도 그러면 안 되지. 조카인데.

👦 자기도 자기가 그런 거 모르고 그러는 거 같아.

👩 집주인인 고모부라는 사람은 집안일에 별로 관심이 없어. 그리고 고모부의 아내는 없어. 메드록 부인이 뭘 하든 아무도 신경 안 써. 그러니까 그러는 거지.

🧑 집안일은 정말 열심히 하려고 노력하는 것 같아.

👩 자기 집이라고 생각하는 거지.

🧑 주인은 아니지만 주인 정신으로 집안을 다스렸지. 콜린에게 잘한다고 하면서도 잘 키우지는 못했지.

👩 콜린이 누구야?

🧑 메리의 사촌, 크레이븐의 아들. 메드록 부인이 콜린을 더 아프게 만들었지. 본인은 잘 키운다고 생각했지만, 너무 걱정하고 과보호해서 더 아프게 했어.

다음은 메리의 고모부 '**크레이븐**'에 관해 마인드맵을 그렸다.

🧑 크레이븐씨는 어떤 거 같아?

- 우울증
- 자존감!
- 크레이븐
  - 아들 콜린 (콜린의 아빠)
  - 부인 10년전 사망

🙍 자존감이 낮아

🙂 그런 것 같아. 맞아 자존감이 낮고,

🙍 외로워

🙂 스스로 외로워진 것 같아. 그렇지 않아?

🙍 우울증

🙂 그렇게 된 제일 이유는 부인이 10년 전에 죽은 거지. 그 책에서는 부인이 어떻게 죽었다고 해? 콜린을 낳다가 죽은 건 아니지?

🙍 정원 나무 위에 있었는데, 나무가 부러져서, 떨어졌데. 그것 때문에 아파서 죽어서 정원을 폐쇄해 버렸데.

🙂 그렇지, 그게 콜린하고는 상관이 없지? 그런데 영화에서는 콜린을 낳다가 죽은 것으로 나오더라고.

🙍 근데 왜 아들의 얼굴을 안 볼까?

🙍 자기 아내가 생각나서 안 보나 보지.

🙂 영화에서는 그 아들도 곧 죽을 것이기 때문에 죽으면 또 슬퍼질까 봐 아예 안 본다고 하더라고.

등장인물에 관한 마인드맵을 끝내고, **7 키워드(낭독, 재미, 경험, 궁금, 중요, 메시지, 필사) 중 일부로 질문**하고 답했다.

😊 이제 오늘 읽은 것까지의 **줄거리**를 말해 볼래?

🙂 외롭고 버릇없던 메리가 버릇을 갖게 된 이야기.

😊 벌써 버릇이 좋아졌어?

🙂 살짝 좀 괜찮아졌어. 메리가 성장해 나가는 이야기.

😊 어떻게 성장하게 되었어? 어떤 계기가 있었어?

🙂 자연을 돌아보면서 몸도 마음도 더 강해지면서. 그리고, 마사의 영향이 컸던 것 같아. 마사가 말하는 것이 메리도 은근 좋았나 봐. 울새도 메리에게 친근하게 말해주는 거 같아서 메리도 새에게 착하게 말했어.

😊 '**재미**'있었던 부분은 어디야?

🙂 새한테 이야기하던 거. '내 말 알아듣지?' 생각하고.

😊 새가 진짜 알아듣는 것 같았어. 계속 메리 주위를 맴돌고. 지금 비밀의 화원에 들어갔어? 못 들어갔어?

🙂 딱 바람이 시원해지고, 문을 보였어. 끝이야.

😊 아직 안 들어갔어?

🙂 책과 비슷한 '**경험**'이 있나요?

😊 엄마는 어렸을 때 밖에서 많이 놀지 않았어. 집에서 책 만

보고, 놀더라도 안에서만 놀았어. 밖에서 노는 것을 시간 낭비라고 생각했거든. 그래서 건강이 좋지 않았어.

🙍 (놀라며) 헉! 어떻게 그렇게 생각할 수가 있어? (고개 끄덕이며) 그럴 수 있어.

🧑 그러니까 말이야. 그래서 큰오빠 키울 때부터 공부는 안 하더라도 운동은 하라고 계속 운동시켰지. 왜냐하면 어렸을 때 운동하는 게 아주 중요하기 때문에.

🙍 그래서 저렇게 강해진 거야?

🧑 응. 근데 엄마가 커서 한 친구를 만나서 운동하러 산에 자주 가게 되었어. 그때 산이 정말 좋은 것을 알게 되었지. 산에 가면, 공기가 너무 상쾌하고, 기분이 너무 좋아지고 몸도 좋아지는 것을 진짜 느꼈어. 그때 처음으로 자연이 정말 좋다는 것을 느꼈어. 그때부터 자연이 좋아졌어. 그래서 지금도 걸으면서 걷는 거 좋아하고, 순천만 정원 가는 거 좋아하고. 고은이는 비슷한 경험 없어?

🙍 놀고 싶어서 돌아다니는 거. 만약에 내가 메리였으면, 정말 외로웠을 거야. 친구도 없고, 핸드폰도 없고, 놀 것도 없고, 엄마도 없고, 아빠도 없고, 돌봐줄 사람도 없고.

🧑 불쌍하다. 아야 밖에 없네.

🙍 아야도 죽었어.

🙍‍♀️ 메리는 왜 그렇게 성질을 낼까? 사랑받지 못해서 성질을 낼까?

🙍 배우지 못했기 때문에 자신이 잘못 하는 것도 알 수 없었던 거고. 가르쳐 주는 사람이 있었으면 좋았을 텐데. 엄마가 안 돌보았고, 돌보았던 인도 사람들은 자기들이 해고되면 안 되니까, 혼내지도 못하고 그냥 무조건 다 들어주니까 메리가 그렇게 되었어요.

🙍‍♀️ **새롭게 깨달은 건** 뭐야?

🙍 '나도 메리처럼 살 빠지고 싶다. 열심히 운동해야지.'라는 생각이 들었어.

🙍‍♀️ 엄마는 자연을 가까이하면서 몸과 마음을 더 건강하게 하고 싶다는 걸 느꼈어. 그리고 마사가 아주 멋있었어. 엄마도 마사처럼 다른 사람이 뭐라고 말하더라도 '걔는 그렇게 생각하나 보다' 하고 상처받지 않고, 다른 사람을 이해해 줄 수 있는 사람이 되고 싶어.

🙍‍♀️ **책에 있는 내용 중 읽어 주고 싶은 부분**이 있나요? 엄마는 이 부분을 읽고 싶어.

"울 엄니는 부잣집 아이들이 아주 멍청한 바보가 안 되는 이유를 모르겠다는 게 항상 말씀하시지라이. 강아지 새끼 맹끼로 유모가 몸도 시켜주고 옷도 입혀주고 산책도 시켜주니께.”

🧑 자기 일은 자기 스스로 해야 할 거 같아요.

👩 나도 줄 그어 놓은 거 있어.

(아주 큰 소리로 실감나게)“이 못된 년 같으니라구. 가만히 서서 이 사람은 이래서 싫고, 저 사람은 저래서 싫다는 말이나 하다니. 그럼 니년은? 니년은 어떻게 생각하는디?”

🧑 마사의 엄마가 한 말이지?

👩 ‘너 자신을 알라!’ 아주 소크라테스의 딸 같았습니다.

🧑 이 부분도 좋았어. ‘황무지 공기가 아이들을 살찌운다’

"사실 메리가 미셸 스웨이트 장원에 온 다음부터 메리에게는 네 가지 좋은 일이 일어났다. 첫째는 메리가 울새를 이해하고 울새도 메리를 이해하는 것 같은 느낌이 든 것이다. 둘째는 피가 따뜻해질 때까지 바람 속을 뛰어다닌 것이다. 셋째는 생전 처음으로 배가 고프다는 건강한 느낌이 든 것이다. 그리고 지금은 다른 사람이 불쌍하다는 느낌이 무엇인지 알게 되었다."

🧑 이거 대단하지 않아? 그걸 그동안 몰랐다는 거잖아. 다른 사람의 감정을 몰랐잖아. 엄마도 고은이한테 무슨 말을 해도 따뜻하게 말해서 고은이가 엄마에 대해서 따뜻한 기억이 있으면 좋겠어. 또, 마사 엄마는 사리가 분명하고, 일도 강단지게 하고, 성격도 좋고, 깨끗하대. 나도 그렇게 살고 싶다는 생각이 들었어.

🧑 마사가 정말 착한 것 같지 않니? 이 부자인 아가씨를 위해서 자기의 소중한 돈으로 줄넘기를 사게 했잖아. 성경에 보면 '가난한 것 같아도 부요한 사람들이 있다'라고 했거든. 이 사람들이 정말 그런 사람들 같아. 가난한 것 같아도 모든 것을 가졌고, 가난한 것 같아도 나눠줄 줄 알고. 우리는 오늘 마사같이 따뜻한 사람이 되도록 합시다. 메리 메리가 마사 덕분에 따뜻해진 것 같아.

마지막으로 **하브루타 소감**을 나누었다.

🧑 오늘 하브루타 한 소감은 어땠어?

👧 나도 마사 같은 존재가 있으면 좋겠다는 생각이 들었어. 마사 같은 존재가 있거나 내가 마사 같은 존재가 되었으면 좋겠어.

🧑 마사 같은 존재가 없어?

👧 모르겠어, 없어. 무슨 말을 해도 뭐라 안 하는 그런 사람.

🧑 엄마에게 마사 같은 존재가 되어 주면 안 될까?

👧 힘들어.

🧑 엄마는 마사 같지 않아?

👧 (내가 화내는 표정 흉내 내며) 악! 악!

🧑 엄마가 마사 같은 사람이 되면 좋겠네. 강한 자존감에 따

뜻한 마음을 가진 사람이 되고 싶네.

🙋 그러니까.

🙋 마사는 어떻게 그렇게 되었을까? 강한 자존감이 따뜻한 마음.

🙋 12명의 동생을 키우다 보면 그렇게 되지 않을까요?

🙋 12명의 동생 덕분이구나.
고은이가 동생이 없어서 짜증 내는 걸까?

🙋 동생이 있으면 더 짜증 날 거 같은데. 이게 항상 신기한 게 동생이 있는 애들은 오빠가 있으면 좋겠다 하고, 오빠가 있는 애들은 동생이 있으면 좋겠다고 하고. 언니가 있는 애들은 오빠가 있으면 좋겠다고 하고. 좋은 게 없어. 엄마는 이모랑 사이좋게 살았지?

🙋 응, 그래도 한 번씩 싸웠지. 근데 이모가 착했지. 그래서 싸우고 나서 밤에 그냥 우리는 자버리거든. 그러면 이모는 아침에는 뭐 다 잊어버려.

🙋 남자 성격이네. 여자애들은 싸우고 누가 먼저 사과하지 않으면 몇 년간 계속 절교야. 계속 째려보고 욕해. 그런데 남자애들은 싸웠다가도 다음 날 또 같이 축구하고 놀아.

🙋 고은이는 어떤 거 같아?

🙋 남자 성격인 거 같아. 자고 나면 잊어버려. 그러다 딱 마주

보면 기억이 나긴 나. 그런데 살짝 화가 풀려있어.

'**기도**'로 마무리했다.

🧑 기도하자 고은이부터.

👧 하나님, 마샤처럼 따뜻하고 자존감 높은 마음 그리고 마음이 부유한 사람이 되게 해주세요. 그리고 조그마한 일에도 화내지 않고 참고 견딜 수 있도록 해주세요. 나 자신부터 알고, 다른 사람에게 뭐라 할 수 있도록 해주세요. 예수님 이름으로 기도합니다. 아멘.

🧑 하나님, 저도 고은이가 마사같이 따뜻한 사람이 옆에 있으면 좋겠다고 했는데, 제가 고은이에게 그렇지 못할 때가 많은 것을 용서해 주세요. 하나님 고은이 마음속에 엄마한테 받은 상처들을 치료해 주세요. 제가 앞으로는 고은이에게 친절하게 마사처럼 따뜻하게 대할 수 있게 해주시고, 고은이가 짜증 내더라도 같이 짜증 내지 않도록 제 마음을 지켜주세요. 항상 따뜻하고 사랑이 가득한 엄마가 되게 해주세요. 예수님 이름으로 기도합니다. 아멘

문학 작품을 아이와 함께 하브루타를 하면, 함께 세계여행 시간여행을 다녀온 기분이 든다. 소설 속 시간으로 가서 책 속에 이야기에 나오는 사람들의 고민을 함께 고민하고, 갈등이나

문제가 해결될 때의 기쁨을 함께 느끼고, 그 시대나 지금 우리의 삶과 다른 점과 같은 점을 비교하고, 지금 이 시대에 나는 어떻게 살아가야 하는지 다시 한번 돌아보게 된다. 아이와 내가 나눌 수 있는 이야기와 세계가 그만큼 더 넓어진다. 아이에게 어떻게 살아야 하는지 잔소리하지 않아도 된다. 독서와 하브루타를 통해 아이가 스스로 느끼고 배운다. 하브루타를 통해 아이도 나도 함께 또는 서로 다른 감동을 경험하고 배운다.

다음의 책들은 고은이와 함께 하브루타 하며 세계여행, 시간여행을 했던 책들이다. 정말 소중한 추억들이지만, 이것들도 기록해 두지 않았으면 시간 속으로 사라졌을 것이다. 고은이와 하브루타 할 때마다, 녹음하고, 워크시트에 기록을 남긴다. 그렇게 해서 만들어진 책들이 정고은의 [하브루타로 책 속 여행]이다. 기록해 두면 남는다.

<<초등 고학년 이상 아이와 하브루타 하기 좋은 문학책들 1>>

책 제목	작가	키워드
톨스토이 단편선	톨스토이	지금 사랑을 실천
이상한 나라 엘리스	루이스 캐럴	주도성, 창의성
비밀의 화원	프랜시스 호지슨 버넷	자연의 힘, 치유
오디세이아	호메로스	사랑, 용기, 베품
80일간 세계일주	쥘 베른	세계여행, 사랑, 책임 돈을 잘 쓰기
캔터베리 이야기	제프리 초서	바른 목표, 순례자
타임머신(1895년)	하버트 조지 웰스	인간은 발전시킴, 지구는 멸망.
허클베리 핀의 모험	마크 트웨인	모험과 우정 용서와 사랑
돈키호테	미구엘 드 세르반테스	꿈과 야망, 실패하더라도 지속, 그러나 분별
모비딕	허먼 멜빌	복수심 > 망함, 리더의 중요성, 감정 다스리기
나니아 연대기 시리즈	C.S.루이스	모험, 용기, 용서, 갈 때와 기다릴 때, 시련과 성장
빨간머리 앤	루시 모드 몽고메리	긍정의 힘, 다름 인정, 용납과 용서, 성장
천하루 밤 이야기	신규섭 옮김	잘 사는 법 : 지혜, 열정, 용기, 협동

<<초등 고학년 이상 아이와 하브루타 하기 좋은 문학책들2>>

책 제목	작가	키워드
위대한 게츠비	F. 스콧 피츠제럴드	집착과 사랑, 사랑도 바른 방법으로.
오만과 편견	제인 오스틴	첫인상에 현혹조심, 상냥, 총명, 품위, 배려있는 사랑
외투	니콜라이 고골	집착의 위험, 멘탈 관리 중요성
씬짜오, 씬짜오 [쇼코의 미소 중]	최은영	다른 입장 이해, 배려, 존중.
쇼코의 미소	최은영	소통과 경청
시간을 파는 상점	김선영	시간의 중요성
아침독서 10분 한국단편소설	구인환 엮음	환경결정론, 일제시대 생존 위한 투쟁
노인과 바다	헤밍웨이	불굴, 성실, 바른 목표
나는 메트로폴리탄 미술관경비원입니다.	패트릭 브링리	예술의 일상성, 미술치료, 일상 감사
불편한 편의점1	김호연	자기관리>친절, 사랑
불편한 편의점2	김호연	멘탈 금수저, 관계, 화해
고요한 우연	김수빈	나의 길 가기, 우정
순례주택	유은실	어른, 자립, 배려, 순례
바다가 들리는 편의점	마치다 소노코	배려, 꿈, 충만한 삶

하브루타 실습 17> 프랜시스 버넷의 [비밀의 화원]으로 하브루타 해요. (출력 시 양면출력)

날짜	년 월 일	작성자	
텍스트	프랜시스 버넷의 [비밀의 화원]	하브짝	
키워드			

1. 프랜시스 버넷 작가는 어떤 사람인가요?

2. 시대적 배경은 언제인가요?

3. 장소적 배경은 어디인가요?

4. [비밀의 화원]의 줄거리를 말해 보세요.

5. 인물들을 마인드맵으로 그려보세요.

　　　　메리　　　　　　　　마사

　　메드록 부인　　　　　　크레이븐

독서 하브루타 - 문학(소설)

6. 7키워드로 하브루타를 해요.

낭독(독서 소감): 책 읽은 느낌이 어땠나요? 5점 만점에 별점을 얼마나 줄건가요? 이유는 무엇인가요?
재미 : 책을 읽으며 재미있거나 슬펐거나 감동적인 부분은 어디인가요? 왜 그렇게 느꼈나요?
경험 : 책의 이야기와 연관련 경험이 있나요? 　　　어떤 경험이었나요?
궁금 : 궁금하거나 같이 토론하고 싶은 질문은 무엇인가요? 1> 2> 3> 4> 5> 6> 7>
중요 : 책을 읽으며 중요하게 와 닿는 부분은 어디인가요? 　　　왜 중요하게 느껴지나요?
메시지 : 작가가 말하고자 하는 메시지는 무엇일까요? 　　　　왜 그렇게 생각하나요?
필사 : 책의 어떤 부분을 적어두고 싶나요? 　　　이유는 무엇인가요?
소감과 실천사항 :

6장
독서 하브루타 - 비문학

　둘째 아들 태은이가 중학생이 되면서부터는 자기가 좋았던 책을 엄마에게도 권해 주고, 나도 또한 태은이가 좋아할 만한 책들을 소개해 준다. 고등학생이 되어 멀리 떨어져 있을 때도 서로 좋은 책을 권하고, 함께 읽고, 책 이야기를 나누는 것은 서로의 삶을 나누게 하고, 든든하게 이어주었다.

　태은이가 고1 때 '켈리 최'를 소개해 주며, 그녀의 유튜브를 한 번씩 보라고 권했다. 어려운 역경 가운데서도 사업가로서 자신의 꿈을 성취하고 이제는 다른 사람들에게도 그 기쁨을 나누고 있는 켈리 최의 삶이 멋있어 보였다. 태은이는 켈리 최의 [웰씽킹]이라는 책을 사서 읽었는데, 어느 날 친구 집에 놀러 가 보니 친구 엄마도 그 책을 읽고 있어서 반가웠다고 했다.

난 경제나 자기 계발 서적에 별로 관심이 없다. 하지만 아들이 좋아하는 사람의 책을 읽어보고 싶어 읽게 되었다. [웰씽킹]을 읽으며, 부자에 대한 내 생각이 달라지고 넓어지게 되었다. 고은이도 부자가 되고 싶은 아이여서 훌륭한 부자가 되기를 바라는 마음으로 같이 [웰씽킹]으로 세 번을 나누어 하브루타를 했다. 여기서는 첫 번째 하브루타의 일부만 소개하겠다.

잘 읽고 토론하고 깨닫고 실천하기를 '기도'하고, '7 키워드'(낭독, 경험, 재미, 궁금, 중요, 메시지, 필사) 중에 낭독, 경험, 재미, 중요, 메시지를 질문하고 답하면서 하브루타를 했다.

낭독

🧑 자 '**낭독**'하고 싶은 거 말해 보세요.

👧 97페이지에 '부자는 돈과 공헌, 그리고 인격을 갖춰야 한다'라고 했어요. 인격은 좋지 않지만 자기가 부자라고 잘난 척하는 사람들은 진정한 부자가 아니라는 거를 알게 됐어요. '나는 진정한 부자가 되기 위해 돈과 공헌과 인격을 갖춰야 겠다'라는 생각이 들었어요.

🧑 그래요. 엄마도 돈만 많으면 부자인 줄 알았는데, 돈만 많으면 진정한 부자가 아니란 것을 알았어. 태은이 오빠가 처음에 와서 이 부분 정말 감동적이라고 와서 많이 말했거든. 엄마도 많이 공감되었어.

경험

- 읽었던 부분과 관련된 '**경험**'이 있었나요?
- 실패한 경험이 있었어요.
- 어떤 실패를 했나요?
- 물건을 교환하기로 해서 갔는데, 사람이 나오지 않았어요.
- 교환하기로 했는데 그러면 안 되지. 속상했겠다.
- 또, 켈리 최가 프랑스로 패션을 배우러 간 것이 나의 미래에 경험되지 않을까 하는 생각이 들어요.
- 고은이도 프랑스 가고 싶이?
- 아직은 모르겠지만, 꼭 프랑스가 아니더라도 공부하러 외국에도 나갈 수도 있을 거 같아요.

(고은이는 패션 디자인에 대한 여러 가지 상상과 방송국 이야기까지 한참을 이야기했다.)

- 45페이지에 '패션의 나라 프랑스로 향했다.' 이걸 보면서 그렇게 많은 경험을 상상했다는 거죠.
- 네
- 멋지네요.

재미나 감동

🧑 '**재미**'있었던 부분이 있었어요? 재미나 슬프거나 감동적이거나 그런 부분이 있었어요?

👧 10억 빚을 지게 되었다고 했을 때 슬펐어요.

🧑 맞아, 나는 33페이지에서 친구 '영숙'이가 백설기를 급하게 먹고 죽었다는 것이 너무 슬펐어요.

👧 맞아요, 나도 그 친구 이야기가 너무 슬펐어요. 33페이지에서 숨을 헐떡이며 버스에 올라탄 영숙이가 버스에서 내리지 못했다는 부분이 너무 슬펐어요.

🧑 애들이 공부하고 싶어서 낮에는 그렇게 열심히 일하고, 밤에는 그렇게 열심히 공부했는데…

👧 '나는 학교 가기 싫어하는데 이 사람은 그렇게까지 치열하게 학교 가고 싶구나'라는 생각이 들었어요. 또 이 부분 읽으며 '내가 학교를 만들어 보면 어떨까?'라는 생각이 들었어요. '장학금 제도 같은 걸 만들어서 돈이 없어도 마음껏 배우면서 다양한 직업을 체험할 수 있는 학교를 만들면 좋겠다'라는 생각이 들었어요.

🧑 와! 좋은 생각이다.

중요-부자가 되고 싶으면 부자생각, 웰씽킹

🧑 그러면 고은이에게 '**중요**'하게 와 닿는 구절은 어떤 구절이에요?

👩 7페이지의 '부자가 되고 싶으면 부자의 생각을 하라.'

🧑 부자 생각이 뭔데?

👩 켈리는 자신이 깨달은 것을 실천하며 세상을 조금 더 살만한 곳으로 만들기 위해 노력했어요. 많은 사람이 자기만을 위해서 살았다면 세상이 발전하지 못했다고, '자기만 위해 살지 말고 지구를 위해 살아야 한다'라고 말해요.

🧑 공헌

👩 응, 여기 켈리 최는 세계여행 간다고 하는데 나도 세계여행 가고 싶어요.

🧑 켈리 최는 세계 여행하면서 유튜브에 올렸지.

👩 또 이 부분 좋았어요. '내가 꼭 해낼게. 우리도 뭐든 할 수 있고, 뭐든 될 수 있다는 걸 세상에 반드시 보여 줄게.'

🧑 38페이지에서 죽은 영숙이에게 한 말이지.

중요-실패를 두려워 말고 일단 시도하라!

🧑 54페이지에서 '실패를 두려워하지 말고 일단 시도를 해보고 실패를 하면 그것을 통해서 또 배워서 다시 시도해 볼 수 있다. 용기를 가져라'라는 말도 좋았어요.

🧑 아무것도 하지 않으면 아무 일도 일어나지 않지.

🧑 0레벨로 계속 살 것이냐 아니면 레벨업을 해서 마이너스가 되더라도 또다시 레벨업업업 해서 뻥 올라가서 백 레벨이 될 것이냐 그런 거래요.

이 밖에도 고은이가 말한 마음에 와닿았던 구절들을 요약하면 다음과 같다.

중요 - 1000명의 스승

🧑 65페이지 '**나는 1000명의 스승을 아주 먹어버려서 내 것으로 만들려고 노력했다**'라는 부분을 보며 저도 패션 디자이너들을 찾아보고, 스크랩북도 만들고 싶다는 생각이 들었어요.

중요 - 나쁜 습관 버리기

🧑 또, 55페이지에서 세 가지 나쁜 습관이 음주, 유희,

파티래요. 제가 술은 안 마셔요. 근데 우리가
유희(드라마)를 보잖아요. 하지만, 저는 절제 할 수 있어요.
그래서 괜찮아요. 그리고 파티는 제가 돈이 없어 못해요.
그러니까 그냥 시간을 잡아먹지 말아야겠다고 생각했어요.
그래서 '매일 조금씩만 성장하면 된다고 했으니까 매일
조금씩 책을 읽고 조금씩 알아가는 시간을 가져보자'
생각을 했어요.

🧑 고은이가 끊어야 할 건 뭔 것 같아?

👩 몰라. 여기 적혀 있잖아요. 음주, 유희, 파티.

🧑 그건 이미 성공한 부자인 켈리 최가 끊어야 할 것이었고,
끊어야 할 것이 사람마다 다를 수 있지. 우리가 끊어야 할
것은 뭘까?
(고은이와 내가 끊어야 할 나쁜 습관들을 세 가지씩
이야기했다.)

중요 - 목표를 분명히!

👩 또 **76페이지에서 '목표를 분명히 하라'**고 했어요.

🧑 엄마가 이 책의 이 부분을 읽을 때쯤 알렉산더 대왕과
다리우스 대왕이 전쟁에 관한 영상을 보게 되었어.
알렉산더보다 다리우스 왕이 이끄는 페르시아 쪽이 10배는
더 많았어. 그런데 알렉산더가 이겼어.

🙂 알렉산더가 그리스지. 그리스 쪽은 사상자가 166명인가 하는데 페르시아 쪽은 사상자가 4000명이 넘었데.

🙂 어떻게 알았어?

🙂 오늘 배웠어.

🙂 근데 고은아 어떻게 알렉산더 왕이 다리우스 왕을 이긴지 알아?

🙂 글쎄.

🙂 알렉산더는 다리우스만 공격했어. 몇만 명이 있는데도 오직 다리우스에게만 집중했어.

🙂 옆에서 누가 쳐버리면 어떻게?

🙂 그러니까 막 몸에 피가 철철 나고 막 다쳐가면서도 끝까지 다리우스만 쫓아갔어.

🙂 죽을 수도 있잖아.

🙂 죽을 수 있는데 그렇게 했다니까. 알렉산더가 다리우스를 이겼던 것은 그 목표 때문이었대. 근데 다리우스 왕은 막 도망갔어. 자기 군사가 훨씬 많은데도 젊은 남자애가 눈을 부라리면서 막 미친 듯이 쫓아오니까 도망을 가버렸어.
　(고은이와 내가 가지고 싶은 삶의 목표들과 어떻게 그 목표를 이룰지 이야기했다.)

고은이가 '중요'하게 와닿은 것들을 이야기한 뒤, 내게 중요한 구절들을 말했다. 66페이지 "스승처럼 생각하는 연습을 하라"부분을 이야기하며 나의 6명의 멘토를 소개해 주고, 부자가 되는 7가지 생각의 뿌리를 말했다.

중요 - 부자가 되는 7가지 생각의 뿌리

🙂 **부자가 되는 7가지 생각의 뿌리**도 좋았어.
"첫째, 목표를 분명히 하라.
둘째, 데드라인을 정한다.
셋째, 구체적으로 상상한다.
넷째, 액션 플랜을 세운다.
다섯째, 나쁜 습관 세 가지를 버린다.
여섯 번째, 보이는 곳마다 한 문장으로 정리된 꿈을 적어 둔다.
일곱 번째, 매일 꿈을 100번 이상 외친다."
 엄마도 오늘 엄마 목표를 적어서 카톡 방에 올렸어. 다른 사람이 봤는지 안 봤는지 모르겠지만.

🙍 정말 웃긴다. 누가 봤는지 안 봤는지 모르겠지만.

중요 - 진정한 부자

🙂 이 부분도 좋았어.

"내가 생각하는 부자는 이렇다. 착한 사람, 남을 돕는 사람, 사랑할 줄 알면서 사랑받을 줄 아는 사람, 존경받는 사람, 너그러운 사람, 열심히 살아온 사람, 친구가 되고 싶은 사람, 주변을 보살피는 사람, 지혜로운 사람, 사람을 살리는 사람, 자기 결정권이 있는 사람, 사회의 이익을 위해 앞장서는 사람, 동물을 아끼는 사람, 환경을 보호하는 사람"과 "내가 생각하는 돈이란 이렇다. 많아야 하는 것, 남을 도울 수 있는 수단, 있으면 편리한 것, 대부분의 해결책, 꼭 있어야 하는 것, 노력의 결과, 나눌 수 있는 것, 보람의 상징, 병을 고치게 해주는 것, 여유로움, 엄마에게 주고 싶은 것" 이 부분이 아주 감동되었어.

🙂 내게 돈이란 하고 싶은 걸 할 수 있는 것, 이용수단.

🙂 그리고 부자가 되기 위해서 중요한 것은 얼마나 얼마를 버는가보다 어떻게 쓰느냐가 더 중요하대. 그 글이 마음에 와 닿았어. '당신의 수입의 몇 퍼센트를 저축하는가? 어떤 투자를 공부하고 있는가? 당신의 꿈을 위해 종자 돈은 얼마인가?' 지출을 통제하는 게 중요하대. 아무리 많이 벌어도 그만큼 그대로 나가버리면 끝이잖아.

메시지

🙂 작가가 말하고자 하는 '**메시지**'는 무엇인 것 같아요?

🙂 부자가 되려는 게 그냥 무조건 돈을 벌어야 한다는 목표가 아니라, 몇 년 안에 무엇을 위해 얼마를 번다는 분명한 목표를 가져야 한다는 거 같아요.

🙂 맞아. 또 진정한 부자란 돈과 공헌, 인격을 갖추어야 한다는 것을 말해 주는 거 같아.

소감과 실천할 사항

🙂 자 이제 전체적인 '**소감**'과 자기가 '**실천**'하고 싶은 거 한 가지만 말합시다.

🙂 스크랩북 만들기. 내 롤모델에 관한 게 아니더라도 디자인에 관한 스크랩북을 만들어 보고 싶어요. 내 꿈과 미래 학교에 관한 걸로 스크랩북을 만들고 싶어요.

🙂 좋은 생각입니다.

마침 기도

🙂 이제 기도하고 마치겠습니다.

🙂 하나님, 사람들을 위하여 사는 삶을 살게 해주시고 돈과 공헌과 인격을 골고루 구비한 부자가 될 수 있게 해주세요. 그리고 사람들을 돕고 살 수 있는 사람이 될 수 있게 해주세요. 그리고 여유로운 돈과 시간을 가지게 해 주세요.

예수님의 이름으로 기도합니다. 아멘.

🙍 하나님, 하나님이 주신 것에 늘 감사하게 하시고, 모든 것이 하나님의 것임을 잊지 않게 하소서. 하나님이 주신 이 땅에 하나님의 사랑을 전하며, 선한 영향력을 끼치는 우리의 삶이 될 수 있도록 우리에게 건강을 더해주시고, 지혜를 더해 주소서. 하나님을 경외하며, 겸손히 순종함으로 돈과 건강과 시간을 잘 관리할 수 있도록 절제와 지혜를 더하여 주시옵소서. 예수님 이름으로 기도합니다.

고은이 덕분에 돈이나 경제, 부에 대해서 아무런 생각이 없었던 나도 돈에 대해 경제에 대해 진정한 부에 대해 생각해 볼 수 있었다. 고은이와 함께 하나씩 실천하다 보면 진정한 부자가 되지 않을까 기대해 본다.

비문학 책들은 베스트셀러 보다는 딸의 관심사에 따라 읽거나, 내가 딸에게 들려주고 싶은 이야기가 있는 책을 읽었다. 딸에게 '공부해라', '책을 읽어라', '의미 있는 인생을 살아라' 잔소리하지 않고, 공부와 독서와 인생에 관한 책을 읽고 하브루타 했다. 그렇게 하브루타 하여 출간한 책이 [실전 가정 하브루타!]이다. 다음은 딸 고은이가 초등 6학년 때부터 지금까지 나와 하브루타 했던 책 들 중 비문학 도서들이다.

<<초등 고학년 이상 아이와 하브루타 하기 좋은 비문학책들>>

책 제목	작가	키워드
생각하는 인문학	이지성	독서, 사색, 토론
독서불패	김정진	독서광들이 성공
죽음의 수용소에서	빅터 프랭클	삶의 이유, 멘탈 관리, 로고 테라피
갈매기의 꿈	리처드 바크	꿈과 자유 위한 노력
이렇게 공부가 재미있어지는 순간	박성혁	공부 동기부여, 중요한 공부 습관, 루틴의 힘
공부가 좋아지는 허쌤의 공부레시피	허승환	노트필기, 공부원리
어린이를 위한 정리정돈	함윤미	정리습관>생각체계 최고의 유산은 좋은 습관
이기는 습관	보도 섀퍼	독서, 실행, 돌파
보물지도	모치즈키 도시타카	명확한 목표, 가시화
마시멜로 이야기	호아킴 데 포사다, 엘런 싱어	인내와 성장, 욕망참아 목표성취
세 왕 이야기	진 에드워드	내 삶의 진정한 왕은 하나님
12살에 부자가 된 키라	보도 섀퍼	꿈, 성공 일기, 저축과 투자
웰씽킹	켈리 최	긍정확언, 부자 마인드
위대한 상인의 비밀	오그 만디노	좋은 성공 습관들
패션, 역사를 만나다.	정해영	패션 디자이너는 시대를 읽어야 한다.
칼 라거펠트, 금기의 어록	칼 라거펠트	인생의 목표, 몰입
옷을 사려면 우선 버려라.	지비코 이쿠코	실용적이고 멋있게 나만의 스타일

하브루타 실습 18> 켈리 최의 [웰씽킹]으로 하브루타 해요.

날짜	년 월 일	작성자	
텍스트	켈리 최의 [웰씽킹]	하브짝	
키워드			

낭독, 경험, 재미, 궁금, 중요, 메시지, 필사할 내용을 기록하세요.

하브루타 소감

7장

독서 하브루타 - 성경

"우리 수요예배를 하브루타로 드려요."

둘째가 중 3, 막내가 초 5일 때, 아이들이 수요예배 와서 피곤해 졸고 있는 것을 보며 마음이 아파 하브루타로 예배드리자고 제안했다.

구약 성경에 나타난 하브루타

하브루타로 수요예배를 드린다는 것이 익숙하지 않지만, 사실 하브루타는 [구약 성경]에서부터 있었다. 유대인들이 가장 중요하게 생각하는 [신명기]의 '쉐마 말씀' 중의 일부인 "신명기 6장 7절"말씀에서 하나님은 "네 자녀에게 부지런히 가르치며 집에 앉았을 때든지 길을 갈 때든지 누워 있을 때든지 일어날 때든지 이 말씀을 강론할 것이며~"라고 말씀하셨다. '집에 앉았을 때든지 길을 갈 때든지'의 의미는 집 안에서나 집 밖에서나 어디서나 모든 공간을 의미한다. '누워 있을 때든지 일어날 때든지'는 언제나 모든 시간을 의미한다. 그렇게 모든 시간과 모든 장소에서 하나님이 하라고 하신 것이 '말씀 강론'이다.

'강론'이 무슨 뜻일까? '강론(講論)'은 한자로 익힐 강(講)과 논할 논(論)이다. 익혀 읽고 해석한 것을 토론하고 논하라는 말씀이다. 즉, '가르치고 토론하라', 하브루타 하라는 말씀이다. 영어 성경에서는 'talk about'으로 '대화하다, 이야기하다'라는 뜻으로 번역되어 있다. 히브리어로는 원형이 '다바르(דָּבַר)'인 동사로 '말하다, 이야기하다, 논쟁하다, 설득하다'라는 의미를 모두 가지고 있다. 즉, 하나님은 '쉐마 말씀'에서 말씀으로 하브루타를 하라고 명령하신 것이다.

또한, 구약 성경에서 하나님은 하나님의 말씀을 거역하는 이스라엘 백성에게 '변론'하자는 말씀을 여러 번 하신다.
"여호와께서 말씀하시되 오라 우리가 서로 변론하자. 너희의 죄가 주홍 같을지라도 눈과 같이 희어질 것이요 진홍같이 붉을지라도 양털같이 희게 되리라."(이사야 1장 18절)
"너는 나에게 기억이 나게 하라. 우리가 함께 변론하자. 너는

말하여 네가 의로움을 나타내라."(이사야 43:26)

"너희 산들과 땅의 견고한 지대들아 너희는 여호와의 변론을 들으라. 여호와께서 자기 백성과 변론하시며 이스라엘과 변론하실 것이라."(미가 6:2)

하나님은 일방적으로 벌을 내리는 것이 아니라, 백성들과 이야기를 나누기를 원하신다. 말라기서에서는 실제로 백성들과 하나님의 변론하는 내용이 계속해서 언급된다. 이렇게 하나님과 이야기하고 변론하는 것도 역시 하브루타이다.

예수님의 하브루타

[신약 성경]에서 하브루타는 더 자주 나타난다. 예수님이 12살 때 3일간 성전에서 랍비들과 하브루타를 하셨다.
"사흘 후에 성전에서 만난즉 그가 선생들 중에 앉으사 그들에게 듣기도 하시며 묻기도 하시니 듣는 자가 다 그 지혜와 대답을 놀랍게 여기더라."(누가복음 2장 46절)

예수님은 수많은 설교에서 먼저 질문하며, 바로 답을 가르쳐 주시지 않고 스스로 생각하고 깨달을 수 있도록 하브루타로 말씀하셨다.

"너희는 나를 누구라 하느냐?"(마태복음 16장 15절)

"율법에 무엇이라 기억되었으며 네가 어떻게 읽느냐?"(누가복음 10장 26절)

"네 생각에는 이 세 사람 중에 누가 강도 만난 자의 이웃이 되겠느냐?"(누가복음 10장 36절)

또 예수님은 또한 반대자들과 수많은 논쟁을 하셨다. 짝을 지어 질문하고 대화하고 토론하고 논쟁하는 하브루타에서 논쟁은 가장 수준이 높은 것이다. 마태복음에만 세리와 죄인들과의 교제(마태복음 9장 9~13절), 금식(마태복음 9장 14~17절), 안식일에 이삭 잘라 먹기(마태복음 12장 1~8절), 안식일에 병 고치기(마태복음 12장 10~14절), 귀신 쫓아내는 능력(마태복음 12장 22~37절), 표적 요청(마태복음 12장 38~45절), 제자들, 음식 먹을 때 손 씻지 아니함(마태복음 15장 1~11절), 하늘로부터 표적(마태복음 16장 1~4절), 아내와의 이혼(마태복음 19장 3~9절), 다윗의 자손이라 소리 지르는 아이들(마태복음 21장 15~16절), 성전에서 가르치는 권세(마태복음 21장 23~45절), 가이사에게 세금 바치기(마태복음 22장 15~22절), 부활 후 일곱 형제와 후사를 이을 아내(마태복음 22장 23~33절), 큰 계명(마태복음 22장 35~40절), 메시아와 다윗의 관계(마태복음 22장 41~46절) 등등 총 15건의 논쟁사례가 소개되어 있다.

예수님이 이렇게 많은 논쟁을 하셨지만, 쓸모없는 논쟁에 휘말릴 것 같으면 아예 자리를 뜨셨고, 논쟁의 목적은 항상 진리를 가르치기 위함이셨다.

전성수 교수는 [자녀 양육의 혁명 하브루타]에서 이러한 예수님의 하브루타의 특징을 간결하고 명쾌한 답변, 성경 말씀을 근거로 제시, 이야기와 비유로 답변, 질문에는 질문으로 답, 논쟁 전후에도 대화라고 했다.

사도바울의 하브루타

신약 성경에 나타난 이방인의 사도였던 사도바울도 '하브루타'를 통해 그리스도의 복음을 전했다. 가말리엘 문하에서 수학했던 바울은 토론과 논쟁의 대가였다. 그는 선교를 위해 이방지역에 갈 때도 먼저 유대인이 모여 있는 회당에 들러 예수님이 그리스도이심을 말씀으로 강론했다. 사도행전에서 바울이 '강론'했다는 표현이 (사도행전 17장 2절, 18장 4절, 19장 8, 9절, 20장 7절, 20장 9절, 24장 25절, 29장 23절) 등 자주 등장한다.

강론은 신약 성경 원어인 헬라어 기본형으로 '디아레고마이(δ

ιαλέγομαι)'로 영어로는 'discuss'로 사전적 정의에 따르면 '토의하다, 토론하다, 논쟁하다'라는 뜻이다. 바울은 청중이나 제자들과 함께 말씀에 대해 하브루타 방식으로 공부했음을 알 수 있다.

하지만 바울이 모든 논쟁을 즐긴 것은 아니다. [신약 성경] '빌립보서 1장 7절'에서 바울은 성도들은 '복음을 변명함과 확정함'에 부르심을 받은 자들이라고 하였다. 이는 논쟁이 있을 때, 복음에 대해 변론을 하는 것이 기독교인의 사명이라는 말이다. 동시에 바울은 '디모데후서 2장 23절'에서 어리석고 무식한 변론(arguments)을 버리라고 했다. 다툼이 그런 언쟁에서 생기기 때문이다. 바울은 복음 전파를 위한 논쟁을 하나님께서 주신 사명이라고 인정했지만, 다툼을 일으키는 언쟁, 특히 하나님 말씀과 하나님이 가르쳐 주신 경건에 근거하지 않는 말다툼은 경계했다.

교회의 하브루타

2020년 12월 9일, 하브루타로 수요예배를 드린 첫 번째 날이다. 어떤 책으로 하브루타를 하면 좋을까 생각하다가, [전도서]를 했으면 좋겠다는 마음이 들었다. 전도서는 세상에서 부

귀, 영화, 지혜를 누렸던 솔로몬이 나이 많아 쓴 글로 알려져 있다. 솔로몬은 전도서를 통해 '해 아래 세상 모든 것들은 헛되다.', '청년의 날에 네가 하고 싶은 걸 즐겨라. 하지만, 심판하시는 하나님이 계신 것을 명심해라'라고 말한다. 열심히 공부해서 자기의 꿈을 이루고 싶은 마음 가득한 중 3이였던 아들 태은이에게 이 세상이 다가 아니라 영원한 세계가 있음을 알려주고 싶었다. 그래서 수요예배 시간에 '전도서 하브루타'를 시작했다. 찬양 한 곡 하고, 사도신경으로 신앙고백하고, 전도서 1장을 읽었다. 각자에게 노트를 나눠주고 '전도서 1장'을 읽으며, 궁금한 질문을 10개 이상 적으라고 했다. 돌아가면서 자신이 만든 질문으로 질문을 하게 했다.

태은이에게 먼저 질문할 기회를 주었다.

🧑 '전도자'는 이름인가요?

🧑 '전도자'란 사람의 이름이 아니라, 인생의 길을 가르쳐 주는 선생님이라는 뜻이야.

🧑 이 전도자는 누구에게 말하는 것일까요?

🧑 전도서 12장 1절과 12장 12절을 같이 읽어보자.
'너는 청년의 때에 너의 창조주를 기억하라…'
'내 아들아 또 이것들로부터 경계를 받으라…'

🧑 누구한테 말하는 거지?

🧑 청년에게. (웃으며 뒤로 몸을 젖혔다) 그래서 '전도서'를 하브루타 하는 거네. 우리 들으라고.

내 마음이 태은이에게 바로 들켰다.
이제, 고은이가 질문했다.

👧 전도서 1장 14절에서 '내가 해 아래에서 행하는 일을 보았노라.'라고 했는데, 그렇다면 달 아래에서 행하는 일을 보지 않았다는 것인가요?

🧑 달 아래에서는 어두워 잘 보이지 않고, 솔로몬이 전도서를 쓴 당시에는 전기가 발명되기 전이라, 거의 낮에만 일해서 그러지 않았을까?

👧 전도서 1장 1절에 나오는 전도자는 누구일까요?
전도서에 말하는 '내가'는 누구일까요?

🧑 다윗의 아들이고 예루살렘의 왕이고 부귀와 영예를 잔뜩 누린 지혜의 왕.

👧 솔로몬?

🧑 솔로몬 왕일 가능성이 크지.

👧 전도서 1장 5절에 나오는 '해가 뜨고 해는 지되 그 떴던 곳으로 빨리 돌아가고'라고 했는데 해는 왜 떴던 곳으로 다시 해가 질까요?

🧑 지구의 자전 때문이겠지. 해는 가만히 있지만, 지구가 하루에 한 바퀴 돌지.

👩 (노트에 자전하는 그림을 그려 놓는다.)

　전도서 1장 18절에서 '지혜가 많으면 번뇌도 많으니 지식을 더하는 자는 근심을 더 하느니라.'라고 나와 있는데, 그러면 지식이 많으면 안 좋다는 걸까요?

🧑 내 생각에는 여기에서 나오는 지식과 지혜는 하나님을 떠난 인본주의적 지식 같아. 하나님에 대한 믿음 없이 공부를 많이 하다 보면, 많이 알아서 많이 피곤해질 수도 있다고.

　고은이가 '공부하면 근심을 더 하게 되는데 공부할 필요 없지 않냐'고 공부하지 않아도 되는 이유를 찾은 듯 기뻐했다. 태은이도 성경의 다른 부분에서는 지혜를 귀한 보배로 칭찬하는데, 전도서 1장 18절에서는 부정적으로 말하는지 궁금했다고 맞장구쳤다. 티격태격 현실 남매가 이 날따라 서로 같은 질문 있다며 한마음 되니 보는 나도 행복했다.

　태은이가 다시 질문했다.
"전도서 1장 9절의 '이미 있던 것이 후에 다시 있겠고, 이미 한 일을 후에 다시 할지라'라는 엔트로피와 에너지 보존 법칙을 암시하는 말씀일까요? 1장의 내용이 자연 과학적인 내용들이 많은데 솔로몬은 과학에 관심이 많았을까요?"
솔로몬이 만물에 대한 깊은 관찰과 통찰력이 있었다는 데 모두 동의했다.

이제, 내가 질문했다. 사실 아이들과 하브루타 공부하려고 유튜브에서 김기석 목사님과 송태근 목사님의 전도서 강해를 들었다. 강의를 듣고 핵심 질문이라 생각되는 것들을 만들었다.
"해 아래에 사람에게 유익한 것은 무엇일까?"
"허무하게 사라지지 않고 영원한 것은 무엇일까?"
성경을 함께 읽으며 **영원한 것**에 대해 같이 정리했다.

1. **예수님 (히브리서 13:8)**
"예수 그리스도는 어제나 오늘이나 영원토록 동일하시니라."
2. **하나님의 말씀 (마태복음 24:35)**
"천지는 없어질지언정 내 말은 없어지지 아니하리라."
3. **하나님의 뜻을 행하는 사람 (요한일서 2장 17절)**
"이 세상도, 그 정욕도 지나가되 오직 하나님의 뜻을 행하는 자는 영원히 거하느니라."

태은이가 다시 웃으며 말했다.
"그러니까 뭐야? 결국, 성경 읽으라는 거네요."
역시 핵심을 잘 파악하니 기뻐서 말했다. "그렇지!"
태은이가 다시 말했다.

"영원하신 예수님을 알기 위해 결국 성경을 읽어야겠네요."
스스로 결론을 찾아내니 흐뭇했다.

마지막으로 돌아가며 소감을 말했다.

- 오랜만에 하브루타로 성경을 읽으니 재미있었어요.
- 과학에 대해 많이 알게 되어서 좋았어요.
  졸지 않고 깨어서 많은 것을 배울 수 있어 재미있었어요.
- 아이들이 작년에 하브루타 할 때보다 많이 성장한 것을 느껴서 좋았어요.
- 아이들이 예배 시간에 졸거나 멍하게 조용히 앉아 있지 않고 깨어 이야기하니 좋았어요.

돌아가면서 감사 기도 한 마디와 간구 기도를 하나씩 하라고 하자, 고은이가 "하나님, 오늘 예배 시간 안 자고 깨어있어 감사합니다. 다음에도 계속 깨어서 하브루타 예배를 잘 드리게 해 주세요."라고 기도했다. 고은이가 스스로 이렇게 기도하니 기뻤다. 하나님이 고은이의 기도를 들어주셔서 지금까지 수요일은 하브루타 예배로 잘 드리고 있다.

하브루타 실습 19> 성경으로 하브루타를 해요.

질문들로 하브루타 하고, 하브루타 소감을 본깨적(본 것, 깨달은 것, 적용할 것)으로 마무리 해요.

날짜	년 월 일	하브짝	
텍스트			
키워드			

질문과 해답들

본 것	깨달은 것	적용할 것

8장
영화 하브루타

　영화 하브루타도 독서 하브루타처럼 책 대신 각자 영화를 보고 7 키워드로 하브루타를 할 수 있다. 책과 영화가 모두 나와 있는 것도 좋다. 책을 읽고 아이와 함께 영화를 본 다음 온 가족이 함께 하브루타 하면 된다.
　소설과 비슷하게 시간과 장소적 배경, 줄거리, 인물 분석을 한 뒤, 7키워드(낭독, 경험, 재미, 궁금, 중요, 메시지, 필사)로 질문하며 하브루타 할 수 있다.

　7키워드 중 하브루타의 열쇠는 '궁금'이다. 질문을 통해 아이들이 중요한 것을 깨닫고 메시지도 찾아내기 때문이다. 책상에 앉아 순서대로 하브루타를 다 하지 않더라도 영화 보고 난 뒤, 함께 집에 오는 길이나, 식사하며 질문으로 영화 이야기를 나누면 그것이 하브루타이다.

예를 들어 [해리포터]를 보며 난 다음과 같은 질문이 생겼다.
1. 덤블 도어 교수는 왜 해리포터를 인성이 좋지 않은 이모 집에 두었을까?
2. 스네이프는 왜 그렇게 노골적으로 해리를 싫어할까?
3. 볼드모트는 자기도 머글의 아들이면서 왜 머글 핏줄들을 혐오할까?
4. 해리는 왜 헤르미온느가 아닌 지니와 결혼했을까?
5. 헤르미온느는 왜 해리가 아니라 론과 결혼했을까?

궁금해서 결국 해리포터 시리즈도 읽게 되었다. 호기심이 독서로 인도한 경우이다. 해리포터 시리즈는 성경 다음으로 재미있게 읽고 있는 영어원서가 되었다.

아들 태은이는 [해리포터]를 보고, "해리포터는 정말 착한가?"라는 질문을 했다. 나는 당연히 착하다고 생각했었다. 태은이의 주장은 해리포터로 인해 괴로움을 당하게 된 사람들이 많았다는 것이다. 가만히 생각해 보면, 해리도 어린아이이기에 때로 실수도 하고, 자기를 괴롭히던 두들리가 고통받는 것을 좋아하기도 했다. 정말 완벽한 사람은 없다. 완벽한 착한 사람은 더욱 없다. 그러니 다른 사람을 함부로 판단할 수 있는 사람도 아무도 없다고 생각한다.

7키워드를 다 갖추어서 하브루타를 할 경우, 다음과 같이 하면 된다. 다음은 진북 하브루타 독서 모임 회원들과 함께 [기생충] 영화로 하브루타 한 예이다.

회원들이 [기생충]이라는 영화를 함께 또는 각자 보고, 수업 시간에 만나 하브루타를 했다. 영화 '기생충'은 가난한 소년 기우가 친구 현석의 도움으로 부자인 박 사장의 집에 가정교사로 취직하며 생긴 상류층과 하류층의 갈등을 다룬 영화이다. 독서 하브루타처럼 7 키워드(낭독, 재미, 경험, 궁금, 중요, 메시지, 필사)로 하브루타를 하기는 했는데, 낭독 대신 영화를 본 소감을 한마디로 적고 말했다.

소감(낭독 대신)

"영화를 본 소감이 어땠나요? 한 문장으로 말해요."

"기생충 영화를 관람한 후 나는 OOO 한 기분이 들었다. 그 이유는 OOO 했기 때문이다."

포스트잇에 OOO에 들어갈 단어를 각자가 기록했다. 나는 '섬뜩하고 무서운'이라는 단어를 포스트잇에 적었다. '기생충 영화를 관람한 후 나는 섬뜩하고 무서운 기분이 들었다.' 각자가 쓴 단어들을 발표했다. '슬픈', '이건 뭐지 하는', '빈부 격차에 가슴이 아픈', '아찔한' 등의 단어들이 거론되었다. 다른 사람이 말하는 다양한 단어를 들으며 비슷하지만 다양한 단어로 표현할 수 있다는 것이 재미있었다.

경험

"영화와 관련된 직간접적인 경험이 있었나요?"

각자가 영화와 관련된 직간접적인 '경험'을 말하였다. 나도 박 사장의 아내 '연교'처럼 아이에게 좋은 선생님을 붙여 주면 최고의 엄마라고 생각하진 않았는지 돌아보게 되었다. 아이들과 더 충분히 소통하고 공감해 줄 걸 아쉬움이 남는다. 영화에서 아이의 말을 충분히 들어주고 공감해 주었더라도 끔찍한 사건들을 막을 수 있지 않았을까 안타까운 마음이 들었다.

재미

"영화를 보며 감동적이거나, 웃기지만 슬프거나, 재밌거나, 슬프거나, 기가 막히거나, 분노가 느껴지거나, 추억이 소환되거나, 상상력이 키워지는 장면이 있었나요?"

'재미'보다 슬픈 감정이 많이 느껴지는 영화였다. 부자들에게는 낭만적으로 느껴지는 비가 가난한 자들에게는 처절한 생존의 위협이 된다는 것이 마음이 아팠다. 같은 사람이면서 돈이 많다는 이유로 사람을 무시하는 장면에 분노가 느껴졌다. 가난

하더라도 합법적인 방법도 있었을 텐데, 선악의 기준이 오직 자기 자신인 인간 본성의 악함이 섬뜩했다. 여러 가지로 많은 것을 느끼게 하는 영화였다.

궁금

"영화를 보며 어떤 것이 궁금했나요?"
다음과 같은 질문들이 쏟아져 나왔다.
"친구(현석)는 왜 기우에게 과외를 부탁했을까요?"
"박 사장 가족은 그 후 어떻게 되었을까요?"
"기우의 아빠인 김 기사는 왜 박 사장을 죽였을까요?"
"'냄새'로 인해 자존심이 상했는데, 냄새는 사람들의 어떤 면을 상징적으로 알려줄까?"
"나에게도 반지하 냄새가 나지 않을까?"
"박 사장은 무엇을 잘못했나? 왜 죽임을 당했나?"
"박 사장은 직원들과 어떻게 소통해야 했을까?"
"영화 포스터에 배우들의 눈을 가린 이유는 무엇일까? 누구나 될 수 있단 의미일까?"
"감독은 기생충을 통해 무엇을 말하고자 했을까?"
"가난한 가정이 가족끼리 소통이 잘 된 비결은 무엇일까?"
"벙커에 전 가정부 부부를 넣은 감독의 의도는 무엇일까?"
"기우와 기우의 동생 가정이 국비 유학으로 외국 가서 성공하여 돌아오면 어떨까?"

"상류층과 하류층은 어떻게 긍정적이며 건설적으로 소통할 수 있을까?"

중요

"영화의 장면들이나 대사 중 주관적으로 내게 중요하게 생각되는 부분은 어디인가요?
 왜 중요하게 생각되나요?"

자녀와의 소통, 부자와 가난한 자들 간의 소통, 소통이 중요하게 느껴졌다. 여러 가지 문제가 많고 가난하지만, 가족 간에 소통이 잘 되는 기우의 가정을 보며 자녀들을 많이 칭찬해 주고 격려해 주어야겠다는 생각도 들었다. 물론 바른 가치관을 가지고 자녀들에게 잘 가르치는 것도 아주 중요하다.

메시지

"작가와 감독이 주고자 하는 메시지는 무엇일까요? 작가와 감독의 의도를 찾아보세요."

"가족과 계층 간에 소통의 중요성을 말하고 있다."
"가난해도 소통을 잘하면 행복할 수 있다."
"빈부격차, 힘든 상황에서도 서로 사랑하는 것이 해답이다."

"사회문제들을 끄집어내어 질문을 만드는 영화이다"라는 여러 답변이 나왔다.

필사

"기생충 대사 중에서 기록해 두고 싶은 부분이 있나요? 왜 필사하고 싶나요?"

박 사장의 집 미술 교사로 간 '기정'이 박 사장의 아내 '연교'에게 한 대사를 적었다.

"그 검은 상자를 저와 함께 열어보시겠어요?"

필사한 이유는 아이의 마음을 열고 소통하는 부모가 되고 싶었기 때문이다.

'기우'의 아빠 '기택'의 대사도 하나 적었다.

"나는 네가 자랑스럽다"

필사한 이유는 칭찬하는 부모가 되고 싶기 때문이다. 최소한 기우는 가난하고 능력 없는 아버지였지만 기택을 사랑했다.

박 사장이 자주 말하던 단어 '믿음의 벨트'는 지연·학연·혈연의 폐단이 느껴지는 끊어져야 하는 벨트로 와닿았다.

로맨틱이나 액션이나 SF영화를 좋아하는 내가 보지 않을 것 같은 영화를 하브루타를 위해 보았다. 덕분에 7 키워드 하브루타로 꼼꼼히 곱씹으며 영화를 깊이 생각하게 되었다.

하브루타 실습 20> 영화를 보고 하브루타를 해요.

날짜	년 월 일	하브짝	
영화 제목			
키워드			

---

1. 영화의 시간적 배경은 언제인가요?

2. 영화의 장소적 배경은 언제인가요?

3. 영화의 줄거리는 무엇인가요?

4. 영화의 주요 인물들의 특성을 마인드맵으로 그려보세요.

5. 영화의 내용을 7 키워드로 하브루타 해요.
소감(낭독 대신) : 영화를 본 소감을 한 문장으로

경험 : 영화와 관련된 직간접적인 경험이 있었나요?

재미 : 영화를 보며 감동적이거나, 재밌거나, 슬펐던 부분은 어디인가요?

궁금 : 영화를 보며 어떤 것이 궁금했나요?

1>

2>

3>

4>

5>

중요 : 영화의 장면들이나 대사 중 주관적으로 내게 중요하게 생각되는 부분은 어디인가요?

메시지 : 작가와 감독이 주고자 하는 메시지는 무엇일까요?

필사 : 영화 대사 중에서 기록해 두고 싶은 부분이 있나요? 왜 필사하고 싶나요?

6. 오늘 하브루타 소감과 실천할 내용은 무엇인가요?

추석 가족 하브루타

"이번 추석은 좀 의미 있게 보내면 좋겠어. 매번 만나면 먹고 자기만 하고 헤어지는 거 같아 아쉬워. 모든 가족이 성령 충만하게 성령 부흥 집회를 좀 인도해줘"

추석을 2주 정도 앞두고 걸려온 엄마의 전화였다. 먼 거리를 이동해서 가족을 만나러 가고, 청소하고, 음식 하는 것만으로도 지치는 추석인데, 집회까지 인도할 생각에 마음이 무거워졌다. 하지만 가족들이 모두 더 거룩하고 아름다운 삶을 살기를 바라는 나이 드신 엄마의 소원을 알기에, 기도하며 준비했다. 엄마는 뜨겁게 말씀 전하고, 큰 소리로 기도하며, 성령의 임재가 넘치는 예배를 기대하셨다. 하지만 그러기에는 내가 너무 부담스럽고, 아이들도 원하지 않았다. 뜨겁게 기도하는 예배를 인도해

주기를 원하는 엄마와 예배를 빨리만 끝내달라는 아이들 사이에서 내가 선택한 것은 하브루타였다.

이번 추석은 동생네 집에서 추석 전날 모였다. 4시간 만에 도착하여 8시 넘어 늦은 저녁을 먹고, 바로 하브루타 준비를 했다. 동생네 집의 모든 작은 상들을 꺼내와 동그랗게 두고, 둘씩 짝을 지어 나란히 앉게 했다. 아빠와 엄마, 동생네 부부,남편과 큰아들, 중 3 딸 고은이와 동생네 6살 막내, 나와 동생네 10살 아들 하준이. 준비한 PPT를 텔레비전에 연결해서 제법 모양을 갖추었다.

하브루타를 처음 접하는 동생네 식구들과 부모님들을 위해 먼저 하브루타를 간단히 소개했다. 하브루타는 말하는 유대인들의 공부법으로 서로 존중하는 가운데 질문하고 답을 하며 공부하는 것이라고 말했다. 늦은 시간이라 동생의 6살 아들 서준이가 가끔 하품하기는 했지만, 온 가족이 집중해서 열심히 들어주니 힘이 났다.

전체적인 강의와 짝과 질문하고 답하는 하브루타를 섞어서 진행했다.

"하나님이 자녀인 우리에게 원하는 모든 것을 주실까요?"
"왜 그렇게 생각하세요?"

라는 질문으로 둘씩 짝을 지어 하브루타 하게 했다. 짝과 기도 했는데 받지 못한 것들과 그 이유에 관해 이야기를 나누었다.

"하나님의 자녀라고 모든 것을 주시지는 않습니다. 우리가 잘못 사용할 수도 있기 때문입니다."

"하나님의 자녀라고 원하는 것을 다 주시는 않습니다. 주실 때가 아직 안 되었을 때는 기다리게 하십니다."

평소에 그냥 앉아서 듣기만 하는 설교가 아니라, 서로 질문하고 답하니, 더 깊이 있게 생각하게 되고 스스로 깨달았다.

다시 전체적으로 "하나님은 우리를 사랑하셔서 가장 좋은 것을 주시기를 원하셨는데, 그것이 바로 성령님이에요. 그런데 성령님은 누구실까요?"라고 말하며, 성령님을 소개하는 '바이블프로젝트-성령' 영상을 보여 주었다. "예수님을 믿는 사람들에게 예수님이 두 가지를 선물하셨는데, 그 두 가지 선물이 바로 '구원'과 '성령님'이에요. 구원은 죄를 지어 지옥 갈 운명에서 건져 주신 것이고, 성령님은 우리 속에 계신 예수님의 영으로 우리가 천국 백성으로 살아가도록 도와주어요."

성경 갈라디아서 5장에 나오는 성령의 열매와 육체의 욕심을 알려주고, 다음 질문으로 짝과 하브루타를 하게 했다.

"성령의 열매는 어떤 특성이 있나요?"

"육체의 욕심에는 어떤 종류가 있나요?"

"내 속에는 어떤 마음이 있나요?"

짝과 성령의 열매와 육체에 대한 욕심을 이야기하며, 각자 자신을 돌아보는 시간이 되었다.

다시 전체로 '인디안 추장의 늑대 이야기'를 동영상으로 보여주었다. 6살 서준이 같은 인디안 아이가 할아버지에게 마음 속의 두 늑대에 대해 듣는 동영상이었다. 자기랑 비슷한 꼬마가 나오니 하품하던 서준이도 빤히 보았다.

인디언 추장이 어린 손자에게 말했다. "우리의 마음 속에는 두 마리의 늑대가 살고 있단다. 착한 늑대와 나쁜 늑대. 누가 이길까?"

동영상을 잠깐 멈추고, "누가 이길까요?"질문했다.

이미 답을 알고 있는 우리 집 아이들이 대답했다.

"내가 밥을 많이 준 늑대요."

다시 영상을 틀어주니 인디언 추장이 계속 말했다.

"네가 더 많이 먹이를 준 늑대가 힘이 쎄어진단다."

"성경에서도 예수님을 믿는 우리 마음에 성령과 육체의 소욕이 서로 대적하며 있다고 해요. 그리고 성령을 따라 행하면 육체의 욕심을 이루지 않는다고 하죠.(갈라디아서 5장 16~17절)"

"내가 버려야 할 육신의 욕심을 따르는 세가지 나쁜 습관은 무엇일까요?", "내가 가져야 할 성령을 따르는 좋은 습관은 무엇일까요?"질문지에 답을 쓰고, 짝과 하브루타 하게 했다.
그리고 자기가 버리고 싶은 나쁜 습관 하나를 A4용지에 큰 글씨로 쓰고, 앞으로 나와서 한 사람씩 발표하고 격파하게 했다.

"전 늦는 습관을 버리고 싶습니다."
"저는 짜증을 버리고 싶습니다."
"전 게으름을 버리고 싶습니다."
"전 욕심을 버리고 싶습니다."
"전 판단을 버리고 싶습니다."
"전 성냄을 버리고 싶습니다."
"전 사랑을 실천하지 못하는 것을 버리고 싶습니다."

모두 자신을 돌아보았고, 용감하게 발표했고, 신나게 격파 했다. 6살 손주부터 82세 할아버지까지 한 사람 한 사람 발표하는 동안 모두 경청하고, 격려해 주었고, 진심으로 응원하며 박수쳐 주었다. 자신의 부족한 것을 발표하는데도 모두 신나고 즐거운 시간이었다. 더이상 졸고 있는 아이도 없었다.

마지막으로 하브루타 소감을 쓰고 말했다. 가족 모임에서 처음으로 하브루타를 해 보고 어떤 소감들을 말할지 떨렸다.

"좋았습니다. 항상 긍정적으로 생각하고, 옆 사람을 사랑하고, 내 할 일을 미루지 않고 열심히 해야겠다고 생각했습니다."
"가족들이 모여서 성령님 안에서 함께 고백하고, 격파할 때

서로 박수 쳐 주어서 좋았습니다. 성령님을 통해 늦는 습관을 버리고 우선순위를 잘 실천하고 싶습니다."

"참으로 좋았습니다. 나쁜 습관을 고쳐야겠습니다. 성냄을 버려야겠습니다."

"할머니가 짱 쎄기 때문에 말을 잘 들어야겠다고 생각했습니다."

"다 같이 모여서 이야기하는 것이 좋았습니다. 나쁜 습관을 고쳐나가야겠습니다."

"하브루타 재미있었습니다. 그리고 하나님과 사람들을 사랑하고 싶습니다."

"하브루타 처음 해 봤는데, 말씀을 통해 깨닫는 시간이었습니다. 주님의 자녀로 순종하고 실천해나가야겠다고 생각했습니다."

"진심이 묻어나는 시간으로 감사하고, 판단하지 않고 사랑하고 싶습니다. 루아흐(히브리어로 성령)를 받아 브살렐과 오홀리압(출애굽기에서 성막을 만들었던 사람들) 같은 재능을 가지고 하나님 나라를 이루어 가는 사람이 되고 싶습니다."

마지막으로 의미 있는 가족 모임을 원하셨던 엄마의 소감을 들었다. 엄마는 과연 만족하셨을까 조마조마한 마음으로 들었다.

"너무너무 좋았어요. 세상은 날로 악해져 가는데, 우리 가족이 모두 예수님을 믿는 믿음 안에 생명 길을 가고 있다는 것이 감사해요. 가족이 모여서 더 깊이 하나님의 사랑을 나누고 싶었는데, 하브루타로 성령님에 대해 나누고, 우리의 나쁜 습관 좋은 습관도 돌아볼 수 있어 좋았습니다. 기도하며 철저하게 준비해서 쉽게 가르쳐주는 딸이 있어 감사해요. 앞으로도 예수님 끝까지 잘 믿고, 모두 천국에서도 꼭 만나기를 바라요. 끝까지 항상 말씀을 붙잡고 기도하면서 승리하는 우리 모든 가족이 되기를 축복하고 기도로 자신을 무장해야 해요."

휴우 다행이라는 생각이 들었고, 하나님께 감사했다.

"오늘 격파하여 찢어 버린 나쁜 습관을 다시 가져오지 않게 해 주세요."라고 기도하고 추석 하브루타를 마쳤다.

처음 하는 하브루타 추석 가족 모임을 모두 경청해서 끝까지 잘 따라주고, 긍정적인 피드백을 해 주어서 고마웠다. 처음에 하품하던 6살 막내 서준이도 끝까지 잘 참아주고, 열심히 짜증도 격파하고 쓰레기통에 갖다 버려주어서 고마웠다. 하브루타를 통해 온 가족이 함께 또 각자 돌아볼 수 있는 좋은 시간이었다.

에필로그

부모도 자녀도 성장하게 하는 하브루타

지금까지 행복한 자녀 양육의 열쇠, 하브루타에 대한 나의 10년 동안의 경험을 이야기했다. 나는 아이의 마음보다 내 생각과 자존심이 중요한 나쁜 엄마였다. 큰아이를 통하여 편견과 선입관의 나의 작은 안경을 깰 수 있었고, 다양한 성격의 여러 가지 능력을 갖춘 사람들이 함께 어우러져 가는 삶을 배웠다. 공부를 잘하고 좋은 대학에 가고 대기업에 취직하면 성공하는 것이 아니라, 하나님이 내 속에 심어주신 꿈과 재능이 무엇인지 찾아가고 발견하고 키워가는 것이 성공하는 삶인 것을 깨달았다.

편견과 선입관의 안경을 깨고, 세상을 어떻게 바라보고, 무엇을 어떻게 알아가고 깨닫고 실천해야 할지 가르쳐 준 것이 하브루타였다. 무엇보다 하브루타는 자녀 양육에 관해 어떻게 해야 할지 몰라 막막하던 때, 자녀도 나도 행복하게 꿈을 키우며 이루어 가며 살아가는 법을 가르쳐 주었다. 하브루타를 통해 자녀들은 내가 돌보아야 하는 어린아이들이 아니라, 철이 철을 날카롭게 하듯이 서로를 빛내주는 하베르(친구: 하브루타 짝)가 되었고, 내게 가장 깊은 가르침을 주는 스승이 되었다.

지금 4차 산업시대이다. 주입식 교육으로 많은 것을 암기하고, 시키는 대로 일을 잘 해내고, 쉬지 않고 일한다고 성공하는 시대가 아니다. 그런 것들은 로봇들이 더 잘한다. 빅데이터, 사물인터넷, 모든 정보가 연결되는 4차 산업시대에는 6C(자기 관리 역량(Confidence), 지식 정보 처리 역량 (Contents), 창의적 사고 역량 (Creative Innovation), 심미적 감성 역량 (Critical Thinking), 의사소통 역량 (Communication), 공동체 역량 (Collaboration))을 가진 인재가 필요하다.

자기 자신에 대한 바른 정체성과 자신감을 자기 주도적인 삶(Confidence)을 사는 사람, 폭넓은 독서를 통해 다양한 영역의 지식과 정보를 얻고 처리하여 문제를 해결할 수 있는 능력(Contents)이 있는 사람, 폭넓은 기초 지식을 바탕으로 다양한 전문 분야의 지식, 기술, 경험을 융합적으로 활용하여 새로운 것을 창출하는 능력(Creative Innovation)을 지닌 사람, 인간에 대한 공감적 이해와 문화적 감수성을 바탕으로 비판적으로 사고하며, 삶의 의미와 가치를 발견하고 누리는 능력(Critical Thinking)을 지닌 사람, 듣고, 읽고, 쓰고, 말하며 토론하는 가운데 다양한 상황에서 자기 생각과 감정을 효과적으로 표현하고 다른 사람의 의견을 경청하며 존중하는 능력(Communication)을 개발한 사람, 자기 자신만의 이익을 추구하지 않고, 지역·국가·세계 공동체의 구성원으로서 요구되는 가치와 태도를 보이고 공동체의 발전에 적극적으로 참여하며 협업할 수 있는 능력(Collaboration)을 갖춘 사람이 필요하다.

 어떻게 그런 인재가 될까? 어떻게 그런 인재를 키울까? 하브루타가 답이다. 자기 자신과 끊임없는 하브루타로 자기 관리 역량(Confidence)이 향상된다. 본문과 깊이 있는 하브루타로 본문이 말하고자 하는 것을 찾아내는 지식 정보 처리 역량(Contents)이 강화된다. 하베르(하브루타의 짝)와 치열하게 질문하고 대답하고 토론하고 논쟁하는 동안 우리의 뇌는 치열하게 격동하고, 결과적으로 다양한 아이디어를 만드는 창의적 사고(Creative Innovation)와 비판적 생각하는 능력(Critical Thinking)이 향상되고, 갈등을 해결하는 의사소통(Communication) 역량과 함께 더 나은 선을 찾아가는 공동체 역량(Collaboration)이 강화된다.

나도 내 아이들도 아직 여전히 부족하고 공사 중이다. 그러나 우리는 길을 알고 있다. 이제 독자들도 이 책을 읽었다면 어떤 마음으로 어떻게 나를 세워가고, 가정을 세워가고, 자녀를 양육할지 알았을 거라 믿는다.

그러나, 아는 것과 실천하는 것은 엄청나게 다르다. 머리로 들어간 지식이 가슴으로 들어가 열정을 만들고, 그것이 다시 실천으로 이어져야 진정한 지식이 된다. 이스라엘 사람들에게 있어 지식은 실천을 의미한다. 이스라엘 사람들이 하는 하브루타는 탁상공론이 아니라, 하나님의 말씀인 토라를 어떻게 실천할지 하브루타 후 바로 실천한다. 아는 것과 행하는 것이 일치되는 삶, 그것이 오늘날 소수 민족 이스라엘을 부강하게 세계에서 빛나게 만들었다.

우리도 해 보자. 아는 것을 실천하는 삶. 하브루타하고, 하브루타로 내린 결론을 실천하자. 물론 실패할 수도 있다. 습관을 들이는 것이 쉬운 일은 아니다. 하지만, 실패가 좋은 이유는 다시 시작할 수 있기 때문이다. 어떤 아이가 게임을 하다가 'Fail!'하고 스크린에 뜨자 갑자기 '아싸!'라고 좋아했다. 옆에 있던 아빠가 이해되지 않았다. "너 Fail이 무슨 뜻인지 아니?" 그 아이는 천진난만하게 기쁜 목소리로 말했다. "응, 다시 시작하라는 거잖아." 아이의 아빠도 아이의 말에 용기를 얻어 실패하더라도 기쁘게 다시 시작했다고 한다. 나도 할머니가 되어서도 손주들과 자녀들과 친구들과 다음 세대 귀염둥이들과 계속 하브루타를 할 것이다. 하브루타로 우리 가정이 이만큼 행복해졌으니, 계속하다 보면 더 많이 행복해지리라 기대된다. 그리고, 이 책을 읽는 모든 분의 가정에도 그런 행복이 가득하길 축복한다.

감사의 글

먼저 부모님께 감사드린다. 부모님은 하브루타를 정식으로 배우시지 않으셨지만, 항상 나의 의견을 존중해 주시고, 격려해 주셨다. 늘 열심히 책을 읽으시고, 실천하는 삶을 사신 부모님이 없다면 지금의 나도 없었을 것이다.
"배기남 장로님, 박경자 전도사님 감사해요."
"아빠, 엄마, 사랑해요!"

내게 하브루타를 가르쳐주신 선생님들께 감사를 드린다.
순천 삼산 도서관에서 하브루타가 무엇인지 처음으로 맛보게 하신 이윤정 선생님께 감사한다. 이윤정 선생님 덕분에 사춘기 아들 태은이와도 행복한 시간을 보낼 수 있었고, 태은이의 인생이 질문하는 삶, 자기 주도적인 삶이 되었다.

하브루타 미래 포럼의 대표이신 심평섭 대표님께 감사하다. 항상 작은 목소리와 질문에도 경청해 주시고, 지속해서 하브루타를 배우고 익히고 가르치도록 성실하고 좋은 안내자가 되어 주신다.

순천 삼산 도서관에서 하브루타를 집중적으로 가르쳐 주셨던 진북 하브루타의 유현심·서상훈 대표님들께도 감사하다. 1년 6개월 동안 매주 서울에서 순천까지 먼 길을 내려 오려서 하브루타의 진수를 보여 주셨다. 매주 수요일 온종일 도서관에서 하브루타 했던 시간은 우리 가정에 하브루타 습관이 잡히게 했다.

순천시와 순천 삼산 도서관에 감사한다. 유익한 프로그램들을 제공해 주셔서 우리 가족 모두 성장할 수 있었다. 무엇보다 책 쓰기 프로그램을 기획해 주셔서 그동안 배우고 익힌 내용을 책으로 쓸 기회를 주셔서 감사하다.

나의 하베르(하브루타 짝)들에게 감사하다. 나의 평생의 하베르인 남편, 정인균 블레싱 멘토님에게 감사하다. 하브루타라는 프로그램들이 순천의 도서관에서, 그리고 서울에서 있다는 것을 알려주고 연결해 준 사람이 남편이다. 함께 하브루타를 배우며 늘 나와 하브루타를 하며 철이 철을 날카롭게 하듯이 나를 다듬어 준 남편에게 감사하다.

　나의 하베르이면서 내 인생에 가장 큰 스승이 되어준 우리 집의 삼 남매, 종은 · 태은 · 고은이에게 감사하다. 덜렁거리고 부족한 것투성이인 엄마를 엄마답게 사람답게 만들어 준 그들에게 감사하다.

　마지막으로 가장 중요한 감사의 대상이 남았다. 여러 가지로 부족한 나를 끊임없이 세워주시고, 필요한 사람들을 붙여 주시고, 나에게 가장 적절할 때 적절한 교육을 받게 하시어 사람답게 만들어 가시는 하나님께 감사를 드린다.

하브루타 실습 21> [행복한 자녀 양육의 열쇠]를 읽은 소감을 7키워드로 하브루타 해요.

책을 보신 소감을 7 키워드로 하브루타 해요.
소감(낭독 대신) : 책을 보신 소감이 어떠셨나요?
경험 : 이 책과 관련된 직간접적인 경험이 있었나요?
재미 : 재밌거나,슬프거나,감동적인 부분은 어딘가요?
궁금 : 책을 읽으시며 어떤 것이 궁금했나요?
중요 : 책의 내용 중 어떤 것이 중요하게 생각되시나요?
메시지 : 작가의 메시지가 무엇일까요?
필사 : 기록해 두고 싶은 부분은 어디인가요? 이유는요?
소감 : 오늘 하브루타 소감과 실천할 내용은 무엇인가요?

자주 묻는 질문들

하브루타에 관해 그동안 제가 받았던 질문들과 그에 대한 답들을 몇 가지 정리해 보았습니다.

Q) 하브루타와 일반 독서토론의 차이는 뭐죠?

A) 우선 독서토론은 하브루타의 한 부분일 뿐입니다.

하브루타는 짝과 질문하고 답을 하며, 삶의 이유와 방법을 탐구하는 삶이고 문화입니다. 유대인들은 태아 때부터 가정에서 학교에서 하브루타를 통해 인생을 배웁니다. 일상생활에서, 식탁에서, 잠들기 전 끊임없이 읽고, 생각하고, 질문하고, 사색합니다. 독서토론은 하브루타의 꽃이긴 하지만, 전부는 아니지요.

또한, 일반 독서토론과 하브루타는 목표가 다릅니다. 하브루타는 삶의 이유와 방법을 탐구하는 성찰이 목적입니다. 그러기에 하나의 답이 아니라 사람마다 다른 답이 있음을 인정하고, 그 목적이 승패에 있지 않습니다.

Q) 왜 유대인의 교육법을 우리가 배워야 하지요?

A) 하브루타는 노벨상을 휩쓸고, 세계 경제, 정치, 문화 등등 각 방면에서 뛰어난 유대인의 공부법이 맞습니다. 짝을 지어 질문하고 대화하고 토란을 통해 배우는 최고의 공부법이지요.

한국에도 '하브루타'라는 단어는 없었지만, 서로 도우며 배우는 학습 공동체를 나타내는 '동학(同學)'이라는 단어가 있습니다. 동학(同學)은 "같이 배우는 사람"이라는 뜻으로, 협력과 상호존중을 통해 배움을 말합니다. 하브루타와 유사하게 친구나 동료와 함께 배운다는 의미지요. 유대인들뿐 아니라, 한국인들도 전통적으로 서당이나 학문 연구에서 동료들과 함께 배우며, 서로 의견을 나누고 학문을 깊이 있게 탐구하는 문화를 갖고 있습니다.

또한, 한국어에는 "교학상장(教學相長)"이라는 사자성어가 있습니다. 이는 "가르침과 배움이 서로를 성장시킨다"라는 뜻으로, 서로 가르치고 배우는 과정을 통해 더욱 깊이 배우고 발전한다는 의미입니다. 하브루타와 마찬가지로 상호 학습을 통해 성장하는 개념을 담고 있다고 볼 수 있습니다.

비록 하브루타와 동일한 방식이나 문화는 아니지만, 한국에서도 함께 공부하고 서로를 성장시키는 학습 방식이 중요한 전통이 되어 왔습니다.

아쉽게도 일제강점기를 지나면서, 한국인들은 일본의 황국 시민을 만들기 위한 '국민학교'에서 획일적인 주입식 교육을 강요받았습니다. 결과적으로 한국에서 "교학상장"이라는 좋은 교육 방법이 사라지고, 경쟁 위주의 입시교육만 남고 말았습니다.

하브루타의 핵심인 상호 토론과 협력 학습 문화를 한국적인 전통과 결합해 새로운 '동학(同學)' 문화를 만든다면, 학습의 깊이를 더하고, 공동체 중심의 학습 문화를 더욱 발전시킬 수 있을 것입니다. 또한, 서로 가르치고 배우며 비판적 사고를 기르고 창의적 문제해결 능력을 기르는 하브루타를 한국의 교학상장(敎學相長) 개념과 결합하면, 한국의 다음 세대들도 입시지옥에서 벗어나 주입식 단순 지식 습득이 아닌 스스로 사고하고 세상을 이롭게 변혁시키는 4차 산업 시대의 진정한 리더가 될 것입니다.

Q) 어떤 책으로 하브루타를 하는 것이 좋나요?

A) 교육기관이나 학교, 도서관 등에서 추천하는 권장 도서

들이 있습니다. 학생들의 평균적인 독서 능력과 관심사, 또는 대학 입시를 위한 추천 도서들이지요. 아이가 다양한 방면의 책 읽는 것을 좋아한다면 이러한 권장 도서들을 읽는 것이 좋습니다. 하지만 아이가 읽고 싶지 않은 책을 권장 도서이기에 억지로 읽고 하브루타 하자고 하면, 아이에게 하브루타는 또 다른 스트레스가 됩니다.

나이 별 권장 도서를 읽어 세상의 평균을 따라가기보다 중요한 것은 아이가 즐겁게 하브루타를 계속하는 것입니다. 나이 별 권장 도서를 참고는 하되, 아이가 기쁘게 읽고 함께 이야기를 나눌 수 있는 책이나 주제들을 아이와 함께 선정하는 것이 좋습니다. 자녀와의 하브루타의 목적은 지식 습득보다 소통이고 관계이고, 계속하는 것이 중요합니다. 계속하기 위해서는 즐거워야 합니다.

Q) 아이가 하나의 주제에 관련된 책만 읽으려면 어떻게 하지요?

A) 먼저 책을 읽는 것 자체를 칭찬해 주십시오. 책을 읽는 아이들보다 핸드폰에 빠진 아이들이 훨씬 많습니다. 아이가 읽는 책이 어떤 내용인지, 아이의 생각은 어떤지, 아이의 질

문은 무엇인지 물어보십시오.

그리고 아이의 관심사와 연결하여 다른 장르들의 책들을 소개해 주십시오. 예를 들어 공룡을 좋아하는 아이라면, 공룡에 관련된 역사, 지리, 과학, 문화 등에 관한 책을 소개해 주십시오. 읽으라고 강요해서는 안 되고, 이런 것이 있단다 하고 아이 앞에 던져만 주십시오. 스스로 선택하게 하는 것이 중요합니다.

아이가 기존에 읽던 분야 아닌 다른 책을 읽을 때는 지식의 확장을 칭찬해 주시고, 재미있는 독후 활동들을 같이해 보십시오. 만들기를 좋아하는 아이라면, 읽은 내용을 가지고 자신만의 책을 만들어 볼 수도 있고, 요리를 좋아하는 아이라면 연관된 모양을 만드는 요리를 할 수도 있고, 노래를 좋아하는 아이라면 관련된 내용의 노래를 부르거나 만들 수 있습니다.

중요한 것은 부모님이 여러 방면의 책 읽기를 즐기셔야 합니다. 아이들은 부모의 거울입니다. 아이들을 고치려 하기 전에, 부모 자신을 먼저 돌아보아 고쳐나가는 것이 중요합니다.

Q) 아이가 책을 읽으려 하지 않는다면 어떻게 하브루타를 하지요?

A) 하브루타는 삶입니다. 즉, 독서 하브루타만 있는 것이 아니라는 말씀입니다. 아이와 그날 있었던 일들에 관하여, 친구들에 관하여, 아이가 좋아하는 것들에 관하여 일상 하브루타를 먼저 하십시오. 이때 중요한 것은 절대로 가르치려 해서나 혼내서는 안 됩니다. "그런 일이 있었구나.", "네 마음은 어땠니?", "네 생각은 어땠니?" 물어봐 주시고, 경청하십시오. 먼저 부모와 이야기를 나누고 싶은 관계가 되는 것이 중요합니다.

아이가 웹툰을 좋아한다면, 웹툰의 이야기에 관해 물어보고, 드라마를 좋아한다면 드라마에 관해, 게임을 좋아한다면 게임 이야기를 들려달라고 하십시오. 아이가 귀찮아하면 엄마가 아이가 좋아하는 것들을 같이 보고 이야기를 나누는 것도 방법입니다.

Q) 하브루타를 잘 모르는데 아이와 해도 되나요?

A) 저도 하브루타를 전공한 것이 아닙니다. 아이를 사랑하는데, 어떻게 양육해야 할지 몰라 좌충우돌 실수하며 발견한 것이 하브루타입니다. 처음부터 완벽히 알아서 하는 것이 아닙니다. 중요한 것은 아이를 사랑하는 마음, 비판하지

않는 경청, 대답보다는 질문하는 것입니다.

아이를 가르치려 하지 말고, 함께 배우면 됩니다. 아이들은 엄마를 가르치는 것을 좋아합니다. 오히려 엄마가 너무 잘 알아도 모르는 척하고 아이에게 물어보시고, 아이가 가르쳐 줄 때 놀라운 눈초리로 칭찬하면 아이들은 더 신이 나서 말합니다. 스스로 말하면서 자신이 아는 것이 무엇이고, 모르는 것이 무엇인지 알게 되고, 모르는 것을 배워가게 되는데, 이것이 바로 자기 주도 학습에서 중요한 '메타인지'입니다. 저도 아직도 아이들과 함께 배워갑니다. 하브루타는 짝과 질문과 대답과 토론과 논쟁을 통해 함께 배워가는 것입니다.

참고한 책들

김금선 지음, [하브루타로 크는 아이들], 매일경제신문사
김금선 지음, [엄마의 하브루타 대화법], 위즈덤 하우스
김금선, 염연경 공저, [생각의 근육 하브루타], 매일경제신문사
김수진,김현주,방은정,이미경,이혜민,윤지영,최윤정... 공저, [대한민국 엄마표 하브루타], 공명
김정진 지음, [기적의 밥상머리 교육], 예문
김현정 지음, [엄마, 하브루타 할래요], 키출판사
김혜경 지음, [하브루타 질문 독서법], 경향비피
도로시 리즈 지음, 노혜숙 번역, [질문의 7가지 힘], 더난출판
루스 실로 지음, [유대인의 칭찬교육 53], 프리미엄북스
미리엄 아다한 지음, [엄마라면 한 번은 탈무드를 읽어라], 아침나무
민혜영의 [내 아이를 바꾸는 위대한 질문 하브루타], 서사원
박웅현 지음, [여덟 단어], 북하우스
빌터 바우어 지음, 이정의 번역, [바우어 헬라어 사전], 생명의 말씀사
빌헬름 게제니우스 지음, 이정의 번역, [히브리어 아람어 사전], 생명의 말씀사
심정섭 지음, [1% 유대인의 생각훈련], 매일경제신문사
심정섭 지음, [질문이 있는 식탁, 유대인 교육의 비밀], 예담
양경윤 지음, [하브루타 질문 수업에 다시 질문하다], 즐거운 학교
양동일 지음, [토론 탈무드], 매일경제신문사
양동일, 이성준 지음, [말하는 역사 하브루타], 한국경제신문
엘리 홀저 지음, [하브루타란 무엇인가], D6 코리아 교육 연구원
유현심;서상훈 공저, [유대인에게 배우는 부모수업], 성안북스

유현심;서상훈 공저, [독서토론을 위한 세계문학읽기], 경향미디어
유현심;서상훈 공저, [독서토론을 위한 10분 책읽기], 경향미디어
유현심;서상훈 공저, [진로독서를 위한 10분 책읽기], 라온북스
유현심;서상훈 공저 ; 류아영 그림, [하브루타 일상수업], 성안북스
윤종록 지음, [후츠파로 일어서라], 멀티캠버스
이진숙 지음, [하브루타 질문놀이수업], 경향비피
전병규 지음, [초등 6년 공부, 하브루타로 완성하라], 21세기 북스
전성수 지음, [자녀교육 혁명 하브루타], 두란노
전성수 지음, [부모라면 유대인처럼 하브루타로 교육하라], 위즈덤 하우스
전성수 지음, [질문하는 공부법 하브루타], 라이온 북스
전성수 지음, [최고의 공부법:유대인 하브루타의 비밀], 경향비피
전성수;양동일 공저, [질문하는 공부법 하브루타], 라이온북스
정옥희 지음, [(아이의 마음을 여는) 하브루타 대화법], 경향비피
채명희 지음, [아이주도 그림책 하브루타], 경향비피
클라우드 슈밥 지음, 송경진 번역, [제 4차 산업혁명], 메가스터디북스
하브루타 문화협회의 [하브루타 네 질문이 뭐니?], 경향비피
하브루타 선교회 지음, [교회 하브루타 (말씀으로 토론하라)],두란노
하브루타 선교회 지음, [실전! 교회 하브루타], 두란노
한근태 지음, [고수의 질문법], 미래의 창

하브루타 예시에 사용된 책들
모니카 페트 지음, [행복한 청소부], 풀빛
이형진 지음, [마음씨네 탈무드 학교], 꿈꾸는 초승달
켈리 최, [웰씽킹(부를 창조하는 생각의 뿌리)], 다산북스
프랜시스 호지슨 버넷 지음, [비밀의 화원], 비룡소
Nancy Carlson 지음, [I like me], Puffin Books

♟ 블레싱북스
블레싱북스는 블레싱자기경영연구소의 출판 브랜드입니다.

행복한 자녀 양육의 열쇠, 하브루타
- 하브루타 이론부터 실습까지, 하브루타 매뉴얼

초판 1쇄 발행 _ 2024년 11월 30일

지은이 _ 배정욱

발행인 - 정인균
발행처 _ 블레싱 자기경영 연구소
디자인 _ 오시원
인쇄 _ 북토리

등록 _ 2021년 10월 7일 (제2021-000015호)

전남 순천시 장명로 58. 3층
전화 (061) 725-5922 팩스 (061) 725-5922
이메일 holycity6821@gmail.com
블로그 https://blog.naver.com/holycity21
채 널 http://pf.kakao.com/_zIWxhK
인스타그램 @skyblessingstar

ISBN _ 979-11-982235-5-5(13190)

* 책값은 뒤표지에 있습니다.
* 잘못 만들어진 책은 교환해 드립니다.

이 책은 순천시 도서관운영과 <2024년 시민책 출판비 지원사업>으로 제작하였습니다.

사해 교훈 2

점점 물이 줄어드는 바다, 소금물로 되어 있는 바다,
이스라엘과 요르단 국경을 가로지르고 있는 바다,
생명이 살지 못하는 바다가 있습니다.
이스라엘에 있는 '사해'(死海)입니다.
지중해보다 더 낮은 곳에 자리한 탓으로 입구만 있고
출구가 없는 바다로 유명합니다.
짠물로 구성된 데다 흐름이나 움직임이 없다 해서
사해 혹은 염해라 부릅니다.
그런데 그 바닷속에 온갖 부존 자원이 있어서
공업 자료로 활용되고 있습니다.
비누나 화장품은 그 품질이 뛰어나 널리 애용되고 있습니다.
사해를 만드신 하나님은 죽음의 바닷속에 온갖 보화를 담아
두신 것입니다. 다시 말하면 쓸모 없는 것들 안에
쓸모 있는 것들을 존재케 하신 것입니다.
우리 모두는 하나님의 피조 작품들입니다. 자세히
들여다보면 우리 안에 엄청난 가능성과 부존 자원이 가득 차
있습니다. 그것으로 무엇을 만드느냐, 어떻게 쓰느냐에 따라
가치가 결정됩니다. 우리 모두는 죽음의 바다가 아닙니다.